가장 쉬운 독학

노션 첫걸음

가장 쉬운 독학 노선 첫걸음

초판 1쇄 발행 | 2023년 12월 20일
초판 3쇄 발행 | 2024년 9월 10일

지은이 | 원정민
발행인 | 김태웅
기획 | 김귀찬
편집 | 유난영
본문 디자인 | HADA DESIGN 장선숙
마케팅 총괄 | 김철영
제작 | 현대순

발행처 | (주)동양북스
등록 | 제 2014-000055호
주소 | 서울시 마포구 동교로22길 14 (04030)
구입 문의 | 전화 (02)337-1737 팩스 (02)334-6624
내용 문의 | 전화 (02)337-1763 이메일 dybooks2@gmail.com

ISBN 979-11-5768-992-7 13000

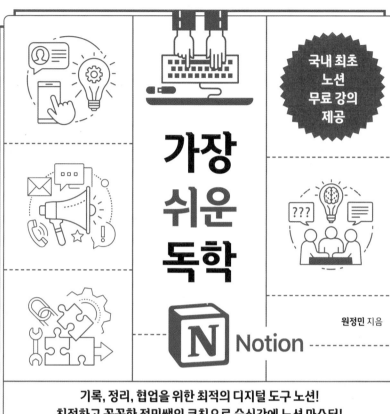

국내 최초
노션
무료 강의
제공

가장
쉬운
독학

N Notion

원정민 지음

기록, 정리, 협업을 위한 최적의 디지털 도구 노션!
친절하고 꼼꼼한 정민쌤의 코칭으로 순식간에 노션 마스터!

노션
첫걸음

동양북스

정민쌤 노션 강의 수강 후기

flo********
선생님 진짜 감동이에요 ㅠㅠ 평소에 굿노트, 엑셀, 한글, 아날로그 종이까지 온갖 것을 활용해서 쓰고 있던 것들을 노션 하나로 할 수 있을 것 같아서 뭐부터 시작할지 완전 기대됩니다..!!

ny******
노션에 대해 아는 건 이름뿐이었는데, 이름 바꾸는 것 같은 정말 기초부터 차근차근 알려주셔서 감사합니다. 덕분에 그동안 중구난방 포스트잇과 메모장에 흩어져 있던 수업자료들과 계획들을 쉽게 정리할 수 있을 것 같아요.^^

hyu*****
업무에다가 개인적인 일까지 복잡하게 살면서 이런 생활을 정리해줄 것이 필요했습니다. 다이어리에 분야별로 정리도 해보고 색으로도 구분해 보았는데 그닥 맘에 드는 것이 없었습니다. 시간과 어폼 관리에 도움이 될까 했는데 노션은 완전 매력적입니다. 필요한 대로 깔끔하게 정리를 할 수 있어서요. 주변 선생님들에게도 소개했습니다.

ami*****
매번 이런 저런 자료들, 파일들, 일정 정리가 힘들었는데 너무 감사해요!!
설명이 쉬워서 따라가기 편했어요~○○

ko********
진짜 너무 유용합니다. 자료가 너무 많아서 어떻게 정리해야 할지 곤란했는데, 노션 정말 최고예요. 지금 이렇게 배우는 게 너무 재밌네요. 일요일인데도 제가 이렇게 재밌어하면서 들을 수 있다니… 선생님 정말 감사합니다.

win*****
선생님!!!! 너무 유익했어요!!!!!! 기록중독인데 네이버 블로그, 솜노트, 다이어리 등등 여기저기 산발적으로 기록해둔 것을 드디어 깔끔하게 정리할 수 있을 것 같습니다 … 오늘 배운 내용을 바탕으로 더 생산적인 하루하루를 만들어 가겠습니다 ㅎㅎㅎ 친절한 설명도 감사합니다.

rain**
다이어리 당장 버려도 될 것 같습니다. 연동되는 게 가장 큰 장점인데 어려워서 감히 시도조차 못 해봤습니다. 친절하고 꼼꼼한 설명 감사합니다!

kim*****
기업에서는 노션을 많이 활용한다는 것을 듣고 잘 활용해보고 싶었는데 혼자서는 막막해서 시도를 못해봤었어요. 그리고 항상 마음에 들지 않는 수첩 양식에 불만이어서 메모위젯이나 다른 방법으로 여기저기 중구난방으로 할 일, 일지 같은 것들을 관리했었는데 정말 실용적이고 많은 도움이 되었습니다.

정민쌤 유튜브 댓글

● seong*********
덕분에 개념을 잡아가고 있어서, 조만간 제가 원하는 것을
구축할 수 있을 것 같네요. 상세한 설명 정말 감사합니다.

● alex******
좋은 예시로 간단하고 쉽게 이해할 수 있었네요.
감사합니다.

● eslk********
와, 제가 접한 노션 설명 영상들 중 최고입니다.
감사합니다!

● miss*****
전 영상 죽 봤네요. 정말 친절하게 필요한 것만 잘 설명된
것 같아요. 특히 관계형과 롤업 영상은 제게 정말 큰
도움이 되었습니다. 감사합니다.

● sewon******
롤업 이해 안 가서 머리 아파했는데 한 번에 이해했어요~
감사합니다.

● you****
노션 입문인데.. 아주 큰 도움이 되었습니다. 동학년
선생님께서 추천해주셨는데 역시 짱입니다!

● terry********
노션 강의 중에 최고예요!!

● hy****
노션 입문해서 공부하고 있는데 제가 원하던 가로 연산
영상을 드디어 찾았네요. 정말 유용하게 잘 봤습니다.

● skr****
강의 너무 잘 듣고 있습니다. 이제 저한테 맞는 강좌를
찾은 것 같습니다. 열심히 따라하고 공부하고 있습니다.
데이터베이스까지 정복하는 그날까지^^

● ck8****
다른 유튜버한테 어렵게 배우고 복습 차원에서 정주행
중인데 쉬운 설명 아주 좋아요!
감사합니다.

● nb****
설명 진짜 잘하시네요~ 감탄하면서 듣고 있습니다^^
좋은 영상 감사합니다~

● the****
유용한 팁입니다! 동료들과 1년 동안 자료 공유도 쉽게
했고, 3월부터 또 새롭게 활용할 계획입니다. 올리신 영상
보며 많이 배우고 있어요^^

● mo****
노션 초보자입니다. 임배드 개념 활용방법 잘
설명해주셔서 감사해요:) 다양하게 활용할 수 있을 것
같아요.

기록을 일원화하는 최상의 도구,
노션!

성공한 사람들이 공통적으로 이야기하는 주요 습관 중에 하나는 '기록'입니다. 기록함으로써 오랫동안 기억해야 할 내용들을 정리할 수 있고, 기록하는 과정 자체를 통해 정보가 기억에 더 잘 남기도 하죠. 또한 뇌의 용량에는 제한이 있지만 기록을 통해 다 기억할 수 없는 내용들도 저장할 수 있습니다. 또 많은 이들이 자신이 개선해야 할 점을 기록하고, 미래를 계획함으로써 앞으로 나아가기도 합니다.

여러분들은 메모하거나, 기록할 일이 있을 때 어디에 적으시나요? 다이어리나 개인 수첩에 적을 수도 있고, 카카오톡 '나에게 보내기'나 다른 디지털 도구를 활용할 수도 있겠죠. 혹시 기록들이 흩어져 있지는 않나요? 체계적으로 용도별로 기록을 하는 기록의 달인이 아닌 이상 기록이 여기 저기 흩어져 있어 어디에 있는지 찾지 못하는 경우도 많을 겁니다.

노션을 사용하기 전에는 저도 네이버 메모장, 구글 keep, 구글 docs, 각종 메모 앱, 수첩 등에 기록이 분산되어 있었습니다. 예를 들어 여행 준비에 대한 기록을 할 경우 어떤 정보는 구글 keep에, 어떤 메모는 수첩에 기록하다 보니 나중에 찾기도 어렵고 비효율적이었죠. 예전의 저와 비슷한 경험을 하신 분들이 많을 거라고 생각합니다. 노션을 만나고 나서는 이런 불편한 점들이 사라졌습니다. 여러 기록들이 노션의 예쁜 페이지를 기반으로 체계적으로 일원화되어 정리되니 너무 좋더라고요.

노션은 기록을 일원화하고 싶은 분들에게 가장 추천드리고 싶은 도구입니다. 노션에 기록을 하면 검색이 가능하고, 탭별로 데이터를 저장하기 때문에 무엇을 어디에 적었는지 몰라서 헤맬 가능성도 줄어듭니다. 또한 디지털 자료가 대부분인 현 시대에 각종 링크, 파일, 사진, 동영상까지 정리하기에도 최적화되어 있죠. 게다가 같은 데이터베이스도 다양한 보기 형태를 지원하기 때문에 같은 데이터를 표, 갤러리, 캘린더 등 원하는 형태로 바꾸어 볼 수 있습니다.

개인 기록을 넘어
팀 단위 협업까지 노션 하나로 끝!

노션 페이지를 다른 사람과 공유하거나 편집 권한을 부여해 협업하기도 너무 편합니다. 또 노션처럼 감성적이고 예쁜 기록 도구를 만나기도 쉽지 않습니다. 색 감이 부족한 분들도 노션이 지정해 놓은 파스텔톤 색감으로 페이지를 예쁘게 꾸 밀 수 있습니다. 이러한 장점들 때문에 개인 기록을 넘어 팀 단위 협업을 노션으 로 하는 경우도 정말 많습니다.

업무적으로는 담당자별 업무 관리, 해야 할 일 관리, 일정 관리, 회의록, 각종 자료 정리까지, 개인적으로는 매매 일지나 부동산 임장 관리, 쇼핑 관리, 운동 기 록, 감사 일기까지 노션의 활용 방법은 무궁무진합니다.

물론 위에 언급한 것들은 한글이나 엑셀로도 가능합니다. 하지만 노션은 올인 원 툴이기 때문에 노션 하나에서 다 끝낼 수 있습니다. 앞서 언급했듯이 탭별로 체계적으로 예쁘게 정리할 수도 있어, 멋지게 시각화할 수도 있고요.

이 책에서는 현직 초등학교 교사가 가장 쉽게 노션의 기본적인 기능부터 알려 드리며, 자동화 일일계획, 독서 기록, 포트폴리오, 재테크 기록 등 다양한 분야에 서 활용할 수 있는 템플릿을 함께 만듭니다. 차근차근 따라 하다 보면 템플릿을 수정할 수 있는 역량, 스스로 템플릿을 기획하고 만들 수 있는 역량도 길러질 겁 니다.

또한 이 책은 자동화, 업그레이드된 수식, 노션 AI 등 최신 기능에 대한 내용까 지 탑재하여 더욱 편리하게 노션을 사용할 수 있도록 안내합니다. 이 책을 통해 여러분이 일상을 기록하고, 성장하는 삶을 살아갈 수 있기를 바랍니다.

감사합니다.

저자 원정민 드림

Chapter 1
노션 시작하기

Chapter 2
노션 기본 기능 익히기

Chapter 3
데이터베이스로 노션 제대로 활용하기

Chapter 4
협업&공유 기능 익히기

Chapter 7
다양한 노션 템플릿으로 삶의 질 높이기

Chapter 1

노션 시작하기

노션이 무엇인가요?

올인원 협업툴 노션

지난 3년간 2천여 명의 분들을 대상으로 노션 강의를 했습니다. 강의 도입 부분에는 늘 노션을 소개해 드리는데, 옛날에는 수강생들이 이해하기 쉽게 '엑셀과 한글에서 많이 쓰는 기능들을 가져온 메모 프로그램'이라고 설명했습니다. 하지만 노션을 사용하면 사용할수록, 메모 프로그램이라고 하기에는 노션에 유용한 기능들이 다양하고 많아, 설명이 부족하다는 걸 느꼈습니다.

Naver에 검색해 보니 앞의 그림처럼 '올인원 협업툴, 일상과 업무의 생산성을 높이는 효율적인 앱'이라고 나옵니다. 노션 공식 홈페이지에서 소개한 대로, '올인원 협업툴'이 노션을 가장 잘 표현하는 단어라고 생각합니다. '올인원'이라는 단어 뜻에 맞게 데이터를 정리하는 데 필요한 대부분의 기능이 노션에 들어 있습니다. 데이터를 일목요연하게 정리할 수 있으며, 간단한 계산을 할 수 있고, 메인 페이지와 하위 페이지를 만들 수도 있습니다. 검색도 가능하고, 워드프로세서로서의 기능도 훌륭합니다.

협업툴이기에, 다른 사람들과 함께 데이터를 정리할 수도 있습니다. 이때 데이터는 실시간으로 업로드되기 때문에, 다른 사람이 데이터를 수정 중이면 수정 중인 모습이 실시간으로 보입니다. 또한 간단한 홈페이지를 만들어서 링크를 통해 공유할 수도 있습니다. 가장 가성비 좋게 홈페이지를 만드는 방법이죠. 실제로 많은 기업들이 기업 홈페이지를 만들거나 고객 안내사항을 만듭니다.

◑◯ 디자인이 감성적인 노션

노션은 배우기에 진입장벽도 낮고, 디자인에 신경을 많이 썼어요. 파스텔톤 배경 및 글자 색을 지원하고 있어, 디자인에 자신이 없는 분들도 감성적으로 디자인을 만들 수 있습니다. 또한 간단한 이모티콘(이모지)도 조합하여 예쁘게 활용할 수 있습니다. 디자인을 배운 적이 없는 저도, 다음 그림과 같이 템플릿을 만들었습니다.

●템플릿
어떤 것을 만들 때의 '본' 또는 '틀'. 노션은 본인이 만든 템플릿을 남에게 공유할 수도 있고, 다른 사용자가 만든 템플릿을 복제 후 수정해서 활용할 수도 있습니다.

●노션코리아 템플릿갤러리 대표 템플릿 - 디지털 교무수첩
만든이: 저자

◗◖◗ 엑셀이나 한글과는 전혀 다른 매력의 데이터베이스

데이터베이스가 무엇인가요? 데이터의 집합입니다. 흔히 우리가 알고 있는 데이터베이스는 한글 표, 엑셀 표가 있죠. 한글 표나 엑셀 표에는 다양한 데이터들을 넣을 수 있습니다. 하지만 한글과 엑셀의 표는 장단점이 있습니다. 한글의 표는 그림 삽입 등을 통한 활용을 할 수 있지만, 수식 및 함수 사용은 복잡한 편입니다. 반면 엑셀은 다양한 수식 및 함수를 쉽게 활용할 수 있지만, 셀 내에 그림 삽입을 하거나 예쁘게 표현

하기는 복잡한 편입니다.

노션 데이터베이스는 한글과 엑셀의 단점을 보완할 만한 기능들을 지원합니다. 물론 한글과 엑셀에서 지원하는 모든 기능을 지원하지는 않습니다. 만약 한글과 엑셀의 모든 기능을 지원하려 하면 프로그램이 너무 무거워져 느려질 거예요! 대신 노션 데이터베이스는 전화 걸기 기능, URL 연계, 옵션 선택 기능, 다른 표와의 연결이 가능합니다. 게다가, 같은 데이터베이스를 다양한 보기 형태로 볼 수도 있습니다. 다양한 보기 형태로 본다는 것이 어떤 것인지 감이 잘 안 오니 예시로 볼까요? 같은 데이터베이스를 다양한 보기 형태로 보겠습니다.

이 모든 게 하나의 데이터베이스라는 게 믿어지시나요? 미리 설정만 해 놓는다면, 같은 데이터를 6가지 다양한 형태(표, 보드, 갤러리, 리스트, 캘린더, 타임라인)로 설정할 수 있습니다. 저는 독서기록장을 예시로 두었지만, 회사 회의록, 개인 일기, 수업 기록 등 모든 자료들을 각 특성에 맞게 설정할 수 있습니다. 자세한 것은 뒤에 다룰 '다양한 보기 형태의 노션 데이터베이스'에서 배워 보도록 할게요.

●●● 업무 또는 일상 데이터 정리에 편리한 노션

노션은 데이터 정리에 최적화된 올인원 프로그램입니다. 어떠한 것이든 구상해서 만들 수 있기 때문에 일상과 업무의 생산성이 높아질 수밖에 없죠. 앞서 본 데이터베이스로서의 장점도 있지만, 하위 페이지로서의 기능과 검색 기능도 한몫합니다. 메인 페이지를 만들고, 그 내부에 하위 페이지를 만들어 데이터를 쌓게 되죠. 예를 들어, '나의 일상'이라는 메인 페이지에 '일기장', '투자 계획', '계획', '독서 기록'과 같은 하위 페이지가 있을 수 있죠. 데이터가 쌓이게 되면 페이지 제목뿐 아니라, 페이지 내부에 있는 데이터까지 검색이 가능합니다.

업무나 일상 속에서 기록할 것들도 노션으로 구현할 수 있습니다. 회의록 작성, 프로젝트 관리 페이지, 안내사항 정리, 수업 들은 내용 정리, 일기, 독서 기록, 학생 관리가 모두 가능합니다. '올인원 협업툴'이라는 명성에 맞게 제한이 없습니다. 그리고 이 모든 것을 한곳에 모아서 정리할 수 있기에 더욱 효율적입니다.

다른 프로그램들과 연결을 지원하는 노션

'올인원'이라는 단어 뜻에 맞게 데이터를 정리하는 데 필요한 대부분의 기능이 노션에 들어 있습니다. 그러나 앞서 언급했듯이, 모든 기능을 넣지는 못했습니다. 만약 모든 기능을 넣었다면 프로그램이 무겁고(느리고), 필요한 기능을 제때에 활용하기에 쉽지 않았을 것입니다. 노션은 사용자가 많이 활용하는 알짜배기 기능만 넣었습니다. 기능이 적다

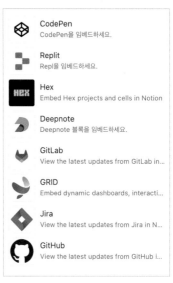
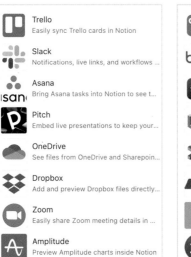
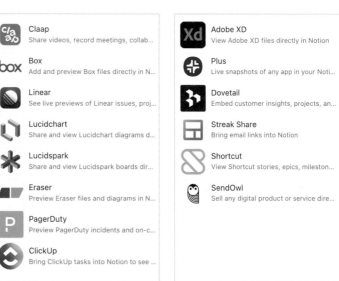

임베드 가능한 프로그램들

는 단점을 보완하기 위해 노션에서는 다른 프로그램들 임베드(삽입)를 지원합니다. 앞 페이지에 열거된 것들이 임베드 할 수 있는 프로그램들이며, 노션은 이를 지속적으로 업그레이드하고 있습니다.

> ▶ **정민쌤의 영상 과외**
>
> 노션 꿀팁!
> 임베드 활용해 수십 개 프로그램
> 노션에서 보기

Points!

- 데이터를 정리하는 데 필요한 대부분의 기능이 노션에!
- 노션 데이터베이스는 전화 걸기 기능, URL 연계, 옵션 선택 기능, 다른 표와의 연결 가능!
- 같은 데이터를 6가지 다양한 형태(표, 보드, 갤러리, 리스트, 캘린더, 타임라인)로 설정!
- 페이지 내부에 있는 데이터까지 검색 가능!
- 다른 프로그램들 임베드(삽입) 지원!

노션 설치하기

02

노션 회원가입

생각한 대로 구현할 수 있는 노션, 너무나 매력적이지 않나요? 본격적으로 노션을 시작해 볼게요. 먼저, 노션에 회원가입을 하고, 프로그램을 설치해 보겠습니다.

❶ 포털사이트에서 노션을 검색하신 다음, 노션 홈페이지(https://www.notion.so./ko-kr)에 들어갑니다.

❷ 홈페이지에서 오른쪽 위 [로그인]을 누르면 회원가입을 할 수 있습니다.

❸ Google 아이디로 로그인할 경우, Google로 계속하기, Apple 아이디로 로그인할 경우 Apple로 계속하기를 누릅니다. 구글이나 애플 계정이 아니어도 가능합니다.

[Google로 계속하기]나 [Apple로 계속하기]를 누르면, 최초 회원가입 시 노션 인증코드 절차 없이 로그인할 수 있습니다.

❹ 혹은 이메일 입력 칸에 이메일을 입력 후, [이메일로 계속하기]를 누르면 됩니다. 입력한 이메일 주소로 로그인 코드가 전송이 됩니다. 이메일에서 로그인 코드를 복사해 [회원가입 코드] 칸에 붙여 넣고 [새 계정 생성]을 누르면 됩니다.

이메일 주소는 추후에 변경할 수 있습니다.

❺ 노션 계정의 이름과 비밀번호를 설정하고 [계속]을 클릭합니다. 노션 계정의 이름과 비밀번호 모두 나중에 변경할 수 있습니다.

❻ 팀용, 개인용, 학교용 중에 선택할 수 있습니다. 추후에 변경할 수 있어요. 처음 활용하실 때는 [개인용]을 선택하셔서 기능을 익히시는 것을 추천드립니다.

❼ 확인을 누르면 직무, 직업, 용도에서 선택한 것대로 [빠른 메모], [개인 홈] 등의 템플릿이 생기고, 템플릿 지우기를 누르면 [시작하기] 설명 페이지만 생성됩니다. 추후에는 [빠른 메모], [개인 홈] 등의 템플릿은 지워서 노선을 사용하게 되므로 확인, 템플릿 지우기 어느 것을 눌러도 상관없습니다.

❽ 노선 페이지가 완성되었습니다. 노선 페이지에서 왼쪽을 사이드
　 바, 오른쪽을 페이지라고 부릅니다.

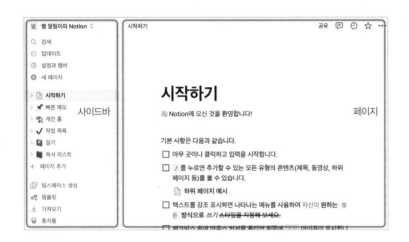

◖◗ 컴퓨터에 설치해 활용하기

데스크톱이나 노트북에서 노션을 활용하려면, 노션 공식 홈페이지에서
설치해 활용할 수 있습니다.

❶ 노션 홈페이지(https://www.notion.so./ko-kr)에서 왼쪽 위 [다운로드]를 누릅니
　 다.

❷ Mac & Windows를 누릅니다.

❸ Mac과 Windows 중 운영 체제에 맞는 프로그램을 다운로드합니다.

❹ 로그인을 해서 활용합니다.

◖◗● 모바일이나 태블릿에 설치하기

Playstore나 Appstore에 'Notion'을 검색하여 설치할 수 있습니다. 모바일, 태블릿, 컴퓨터 모두 같은 아이디로 로그인할 경우 모든 워크스페이스와 페이지가 실시간 동기화가 되기 때문에 편리합니다. 즉, 앱에서 데이터를 수정하면 컴퓨터에서 같은 페이지를 열었을 때 실시간으로 데이터가 수정되는 게 보이고, 반대도 마찬가지입니다.

플레이스토어에서 설치

앱스토어에서 설치

◖◗● 웹에서 노션 활용하기

데스크톱 앱을 설치하지 않아도 노션을 활용할 수 있습니다. 주소창에 notion.so를 입력합니다. 로그인이 되어 있는 경우 바로 노션을 활용할 수 있습니다. 만약 로그인이 되어 있지 않으면, 로그인하면 추후에 주소창에 notion.so를 입력했을 때 바로 노션을 활용할 수 있습니다. 데스크톱 앱을 설치하지 않아도 되기 때문에, 어떤 데스크톱에서도 노션을 활용할 수 있다는 장점이 있습니다.

자신의 컴퓨터가 아닌, 다른 사람의 컴퓨터를 이용해 웹에서 노션을 활용했다면, 꼭 로그아웃을 해 주세요! 로그아웃하는 방법은 다음과 같습니다. **❶ 사이드바 좌측 상단을 누릅니다. → ❷ [로그아웃]을 누릅니다.**

노션 로그인, 다운로드

- 노션 설치는 노션 공식 홈페이지(https://www.notion.so./ko-kr)에서!
- 모바일, 태블릿, 컴퓨터 모두 같은 아이디로 로그인할 경우 모든 워크스페이스와 페이지가 실시간 동기화!
- 다른 사람의 컴퓨터를 이용해 웹에서 노션을 활용했다면, 반드시 로그아웃을!

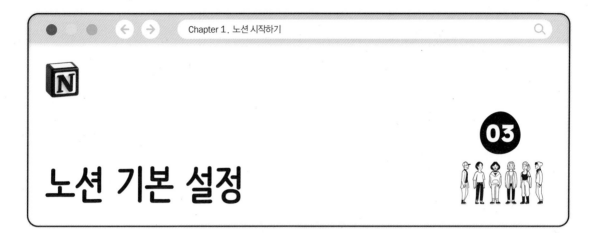

노션 기본 설정

03

노션의 좌측 사이드바에 [설정과 멤버], 영어로는 [Settings & members] 탭의 기본 설정에 대해 알아보겠습니다.

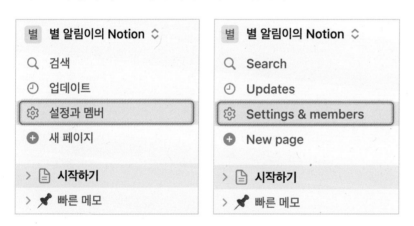

🔘 언어와 지역 변경하기

저는 이 책에서 한국어를 기준으로 설명을 할 예정입니다. 따라서 영어로 설정되어 있는 독자 분들께서는 [Settings & members] 클릭 후 ❶ [Language & region] 클릭 → ❷ English 클릭 → ❸ [한국어] 를 클릭하여 한국어로 설정하도록 합니다.

다른 언어가 편하시다면 **[설정과 멤버] → ❶ [언어와 지역] 클릭 → ❷ 한**

국어를 클릭 → ❸ 원하는 언어를 선택하면 됩니다.

영어로 설정되어 있는데, 언어 변경에서 한국어라고 나오는 경우

로그아웃 후 로그인했을 때 언어가 영어로 설정이 되지만, 언어 변경 창에는 한
국어로 설정된 경우가 있습니다. 이러한 경우, 영어로 변경을 클릭했다가 다시
한국어로 변경을 클릭하면 오류가 해결됩니다.

테마 설정하기

흰 화면이 눈이 아프시다면, [설정과 멤버] → ❶ [내 설정] 클릭 → ❷ 테마에서 [다크 모드]를 선택하면 검은 화면으로 볼 수 있습니다. 저는 개인적으로 흰 화면인 **라이트모드**를 선호하는 편입니다.

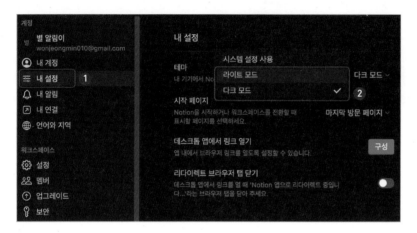

워크스페이스 설정하기

워크스페이스를 직역하자면 작업공간인데, 이는 최상위 폴더라고 생각하면 편합니다. 워크스페이스(최상위 폴더)를 여러 개 만들어 용도별로 분류하면 데이터를 효과적으로 활용할 수 있습니다.

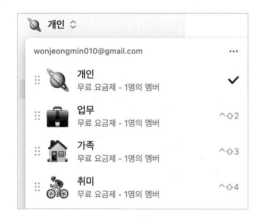

먼저, 워크스페이스의 이름을 변경해 보겠습니다. **[설정과 멤버] → ❶**
[설정] 클릭 → ❷ 원하는 워크스페이스 이름 입력 → ❸ [변경] 클릭을 하
면 워크스페이스 이름을 변경할 수 있습니다.

[설정과 멤버] → ❶ [설정] 클릭 → ❷ 아이콘 클릭 → ❸ 원하는 이모지 선
택 → ❹ [변경] 클릭을 하면 워크스페이스 아이콘을 변경할 수 있습니
다.

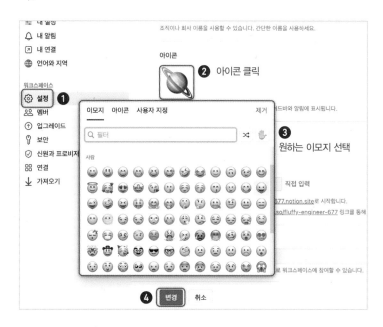

사이드바의 좌측 상단을 보면, 워크스페이스의 아이콘과 이름이 변경되었습니다.

◖◗● 용도별 워크스페이스 생성&삭제

이제 용도별로 워크스페이스를 생성해 보겠습니다.

❶ **좌측 상단 워크스페이스 클릭** → ❷ **동그라미 세 개 클릭** → ❸ **[워크스페이스 생성 또는 참여]** 클릭을 하면 새로운 워크스페이스를 만들 수 있습니다.

처음 로그인했을 때와 마찬가지로, 팀용과 개인용 중 선택을 하면 됩니다. 어떤 것을 선택하더라도 추후 변경 가능합니다.

앞에서 했던 방법대로 워크스페이스의 아이콘과 이름도 변경하고, 다음과 같이 새로운 워크스페이스를 여러 개 생성할 수도 있습니다.

워크스페이스를 삭제하려면 **삭제할 워크스페이스 클릭 → [설정과 멤버]**
→ ❶ [설정] 클릭 → ❷ 마우스 스크롤을 내려 [워크스페이스 삭제] 클릭 →
❸ 워크스페이스 이름 입력 → ❹ 워크스페이스 영구 삭제 클릭을 하면 워
크스페이스가 삭제됩니다.

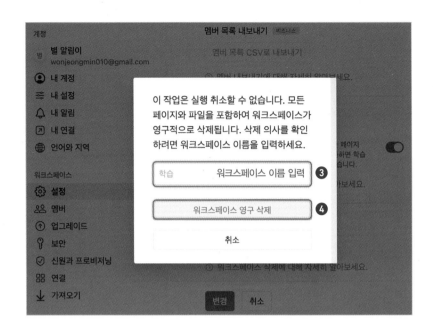

Points!

● [설정과 멤버]에서 언어, 테마, 워크스페이스 이름과 이모지 변경!

● 필요에 따라 워크스페이스 생성 및 삭제!

● 워크스페이스(최상위 폴더)를 여러 개 만들어 용도별로 분류하여 데이터를 효과적으로 활용!

노션 요금제

🔵🔵⚪ 노션 요금제 훑어 보기

노션은 총 4가지 요금제를 활용할 수 있습니다. 개인 무료 요금제는 일반적인 기능들은 모두 지원하지만, 게스트 10명 초대 제한, 파일 업로드 5MB 제한이 있습니다. 협업할 사람이 5명 이하면 개인 무료 요금제로도 활용 가능합니다. 플러스 요금제에서는 게스트 초대 가능 인원이 많고, 파일 업로드 용량 제한이 없기 때문에 보다 자유롭게 노션을 활용할 수 있습니다. 비즈니스 요금제와 엔터프라이즈 요금제 같은 경우 버전 기록, 보안 측면에서 세부적으로 차이가 있습니다.

노션 요금제가 위와 다른 경우

노션이 업그레이드되면서 요금제 가격 및 요금제별 권한이 조금씩 변경되기도 합니다. 업그레이드되더라도 파격적으로 변동될 가능성은 낮으며, 좌측 사이드바의 ① [설정과 멤버] → ② [업그레이드]를 클릭해 현재 요금제 가격 및 요금제별 권한을 자세하게 확인할 수 있습니다.

구분	개인 무료 요금제 [무료]	플러스 요금제 [유료]	비즈니스 요금제 [유료]	엔터프라이즈 요금제 [유료]
요금	무료	매달 멤버 1인당 10$, 연간 결제 시 월간 8$ * 교육 요금제일 경우 멤버 수 1인만 무료로 플러스 요금제 사용 가능	매달 멤버 1인당 18$, 연간 결제 시 월간 15$	매달 멤버 1인당 25$, 연간 결제 시 월간 20$
공통사항	1. 페이지와 블록 무제한(개인 무료 요금제는 멤버가 2명 이상인 경우에만 블록 개수 제한) 2. 기능(40개 이상 블록 활용, 데이터베이스 활용 등) 무제한 3. 실시간 공동 작업, 링크 공유, 사용 권한 그룹, 팀스페이스(공개&참가 제한) 등 가능			
페이지 기록	7일	30일	90일	무제한
게스트 공동 작업자	10	100	250	사용자 지정
파일 업로드	5MB	무제한	무제한	무제한
팀스페이스 (비공개)	–	–	가능	가능
고급 팀스페이스 권한	–	–	–	가능
보안	전체 워크스페이스를 HTML, Markdown, CSV로 내보내기	전체 워크스페이스를 HTML, Markdown, CSV로 내보내기	전체 워크스페이스를 HTML, Markdown, CSV로 내보내기, SAML+SSO(통합로그 인), 전체 워크스페이스 를 PDF로 내보내기	전체 워크스페이스를 HTML, Markdown, C S V 로 내보내기, SAML+SSO(통합로그 인), 사용자 프로비저닝 (SCIM), 고급 워크스 페이스와 팀스페이스 보 안 설정, 워크스페이스 애널리틱스, 세부관리 자 역할, 감사 로그, 관 리자 콘텐츠 검색, 전체 워크스페이스를 PDF로 내보내기

◖◖◖ 개인 무료 요금제는 제한이 많을까?

파일 업로드를 할 일이 많으시면 프로 요금제를 권해 드리지만, 가끔 대용량 파일을 업로드하면 유료 요금제를 활용하는 것이 부담스러울 수 있습니다. 이러한 경우 구글드라이브, 원드라이브에 자료를 업로드하신 뒤 링크를 첨부하시면 무료 요금제로도 노션을 충분히 활용할 수 있습니다.

일반적인 파일 업로드 방법

노션 페이지로 파일을 드래그하거나 '/파일'을 하면 업로드를 할 수 있습니다. 개인 무료 요금제는 5MB 이하만 가능합니다. 워크스페이스 전체가 5MB가 아니라 각 파일마다 5MB 이하입니다. 예를 들어 4.9MB 파일을 100개 업로드하는 것도 가능합니다.

드라이브 링크를 활용한 대용량 파일 업로드 방법(개인 무료 요금제)

❶ 대용량 파일을 구글드라이브, 원드라이브 등 드라이브에 올려놓습니다.

❷ 드라이브의 링크를 복사하여 노션 페이지에서 붙여 넣습니다.

　드라이브에 5MB가 넘는 용량을 업로드하셨어도 링크를 첨부하면 상관없습니다. 링크 자체는 용량이 없으니까요.

❸ 생성된 주소를 클릭하면 대용량 파일이 올라간 드라이브 페이지로 들어갈 수 있습니다.

● 링크 복사와 파일 첨부는 80쪽에서 자세히 다룰 예정입니다.

> ▶ **정민쌤의 영상 과외**
>
> 노션 꿀팁!
> 파일 첨부로 형형색색 드라이브 만들기

◗●◗ 교육 계정을 통해 무료로 플러스 요금제 활용하기

플러스 요금제는 게스트 초대 제한이 없고 파일 업로드 용량 제한이 없기 때문에 매우 유용합니다. 대학교 계정이 활성화되어 있어야 하며, 대학교 계정의 경우 ac.kr, edu 도메인뿐 아니라, 여러 대학의 도메인이 사용 가능합니다.

이메일 변경 방법은 다음과 같습니다.

[설정과 멤버] → [내 계정] → ❶ [이메일 변경] → ❷ [인증코드 전송] → ❸ 노션에 로그인되었던 이메일에 로그인하여 인증코드 붙여넣기 → ❹ [계속] 클릭 → ❺ 변경할 이메일 입력 → ❻ [인증 코드 전송] → ❼ 인증코드 입력 → ❽ [이메일 변경] 클릭을 하면 이메일을 변경할 수 있습니다.

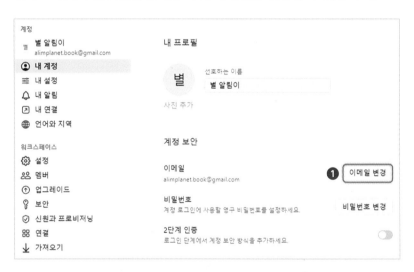

만약 교육 계정으로 이메일을 변경했다면 교육 요금제를 무료로 활용
할 수 있습니다.

[설정과 멤버] → ❶ [업그레이드] 클릭 → ❷ 스크롤을 내려 [모든 요금제
보기] 클릭 → ❸ [교육 요금제 사용하기]를 클릭을 하면 됩니다. 교육 플
러스 요금제는 업로드 용량 무제한, 게스트 100명 초대 등 플러스 요금
제와 기능이 유사합니다. 다만 멤버 수는 1인으로 제한됩니다. (멤버의
개념은 185쪽을 참고해 주세요.)

계정

별 **별 알림이**
wonjeongmin010@gmail.com

◉ 내 계정
☰ 내 설정
🔔 내 알림
↗ 내 연결
🌐 언어와 지역

워크스페이스

⚙ 설정
👥 멤버
↑ 업그레이드
🔑 보안
⊘ 신원과 프로비저닝
⊞ 연결
↓ 가져오기

〈 모든 요금제

감사 로그   ✓

관리자 콘텐츠 검색   ✓

고객 지원

우선 지원 서비스   ✓   ✓   ✓

고객성공 매니저   사용자 지정

학생과 교직원

학생과 교직원은 플러스 요금제 기능(멤버 수 1인 제한 적용)을 무료로 이용할 수 있습니다! 학교 이메일 주소로 가입하거나 '내 계정' 탭에서 기존 이메일을 변경하세요.

❸ 교육 요금제 사용하기
자세한 내용은 notion.com/students 페이지를 참고하세요.

Points!

- 노션의 요금제는 4가지(개인 무료, 플러스, 비즈니스, 엔터프라이즈)
- 구글드라이브 등에 자료를 업로드한 뒤 링크를 첨부하면 무료 요금제로도 충분히 활용 가능!
- 대학생인 경우 ac.kr 등의 계정 활용 가능!

토막 꿀팁 1 템플릿 복제하기

노선의 장점 중 하나는 다른 사람이 만들어 놓은 페이지, 템플릿을 복제해서 사용할 수 있다는 점입니다. 복제 후에는 필요 없는 부분은 삭제하고, 필요한 부분은 추가하여 자기 자신만의 맞춤형 템플릿을 완성해 나갈 수 있습니다. 템플릿을 복제하는 방법은 다음과 같습니다.

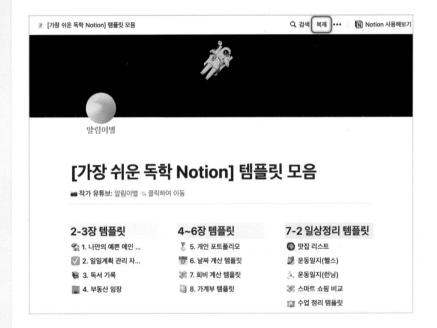

이 책에서 제공하는 템플릿을 복제할 수 있는 링크나 타 유튜브, 블로그 등에서 제공하는 템플릿 복제 링크를 클릭하면 위 그림처럼 우측 상단에 [복제] 버튼이 나옵니다. [복제] 버튼을 클릭한 후 복제할 워크스페이스를 선택하면 해당 워크스페이스에 복제가 됩니다.

● 가장 쉬운 독학 Notion 템플릿 복제는 299쪽에서 할 수 있습니다.

노선 템플릿 갤러리를 사용하면 노션코리아나 여러 사용자들이 만든 다양한 고퀄리티 템플릿을 복제해서 사용할 수 있습니다. 특히 [Notion 추천] 카테고리에는 최근에 업로드된 유용한 템플릿이 많습니다.

노션 공식 홈페이지(https://www.notion.so/ko-kr/product)에서 ❶
[프로덕트] 클릭 → ❷ [템플릿 갤러리] 클릭하면 위의 그림처럼 노션 템
플릿 페이지(https://www.notion.so/ko-kr/templates)가 나옵니다. 노
션 템플릿 페이지에서는 템플릿을 검색하거나 카테고리를 선택 후 원
하는 템플릿을 선택합니다.

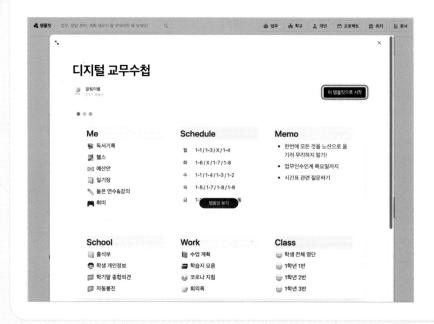

원하는 템플릿 선택 후에는 [이 템플릿으로 시작]을 클릭하면 워크스페이스로 템플릿을 복제할 수 있습니다. 복제한 뒤에는 템플릿을 수정하여 개인 특성에 맞게 사용하면 됩니다.

여러분이 만든 페이지나 템플릿을 다른 사람에게 공유할 수도 있습니다.

공유할 노션 페이지에서 우측 상단 ❶ **[공유] 클릭** → ❷ **[게시]** → ❸ **[웹에 게시]** → ❹ **템플릿 복제 허용** → ❺ **[웹 링크 복사] 클릭** 후 원하는 곳에 붙여 넣어 복사한 웹 링크를 공유할 수 있습니다. 붙여 넣은 링크를 클릭하면 [복제] 버튼을 클릭해 남들이 내가 만든 템플릿을 사용하도록 할 수 있습니다. 템플릿을 복제한 뒤에 수정해도 원래 템플릿에 영향을 끼치지 않습니다.

▶ 정민쌤의 막강 링크

노션 코리아 템플릿 갤러리 링크

Chapter 2

노션 기본 기능 익히기

01 기본 기능 익히기

02 메인 페이지 꾸미기

03 다양한 블록 활용하기

기본 기능 익히기

01

엑셀은 데이터베이스 작업에 특화된 프로그램이지만, 탭별로 정보를 분류하기엔 약합니다. 반면 노션은 예쁜 메인 페이지를 기반으로, 정보를 체계적으로 정리할 수 있습니다. 지금부터 노션의 기본 기능을 익히면서 아래와 같이 My Life 메인 페이지를 만들어 보겠습니다.

●●○ 페이지 추가

페이지를 추가해서 페이지별로 데이터를 저장할 수 있다는 것은 노션의 주요 장점 중 하나입니다. 페이지를 추가하고 삭제하는 방법을 익혀보겠습니다.

❶ 좌측 사이드바에서 [페이지 추가]를 클릭합니다.

❷ 페이지가 추가되었으면 제목을 입력합니다. 제목을 입력하면 좌측 사이드바에도 실시간 반영이 됩니다.

좌측 사이드바에 필요한 페이지만 모아 보기 위하여 기존에 있던 '시작하기', '빠른 메모', '작업 목록' 페이지를 삭제해 보겠습니다.

❶ 삭제하고 싶은 페이지에 마우스를 가져다 대면 나오는 […]를 클릭합니다.

❷ [삭제]를 클릭합니다. 같은 방법으로 'My life'페이지를 제외한 나머지 페이지를 삭제해 봅시다.

1. 페이지 추가 버튼이 없는 경우

특정 페이지가 즐겨찾기로 설정되어 있기 때문입니다. 우측 상단에 [☆]을 누르면 즐겨찾기가 가능합니다. 즐겨찾기를 설정한 페이지는 좌측 사이드바의 즐겨찾기 탭에서 고정적으로 볼 수 있습니다.

특정 페이지가 즐겨찾기가 된 경우 개인페이지에 마우스를 가져다 대고 [+] 버튼을 눌러 새로운 페이지를 추가할 수 있습니다. 즐겨찾기 된 페이지에서 우측 상단 [★]을 누르면 즐겨찾기를 해제할 수 있습니다.

2. 삭제된 페이지 복원하기

❶ 삭제된 페이지를 복원하고 싶으면 좌측 사이드바에서 [휴지통]을 클릭합니다.

❷ 복원하고 싶은 페이지의 [오른쪽의 화살표]를 누르면 페이지가 복원됩니다.

❸ 복원 화살표 [오른쪽 휴지통]을 누르면 페이지가 영구삭제 됩니다.

혹은 우측 상단에 동그라미 세 개 모양을 클릭하고 [페이지 기록]을 클릭하면 원하는 시점으로 페이지를 복원할 수도 있습니다. 다만 요금제별로 페이지 복원 가능한 기간이 다릅니다.

◖◗● 아이콘 추가 및 변경

아이콘과 커버를 추가해서 페이지를 예쁘게 꾸며 보겠습니다.

❶ 제목에 마우스를 두었을 때 나오는 [아이콘 추가]를 클릭합니다. 랜덤으로
아이콘이 나옵니다. 저는 금메달 아이콘이 나왔지만, 여러분들은 다른 아
이콘이 나왔을 겁니다. 좌측 사이드바에도 페이지의 아이콘이 실시간으로
변동된 것을 볼 수 있습니다.

❷ 랜덤으로 나온 아이콘을 클릭합니다.

**주로 바로 이모지를 선택하거나, ❺ 검색 창에 검색하여 이모지를 선택합니
다.** 자세한 설명은 아래와 같습니다.

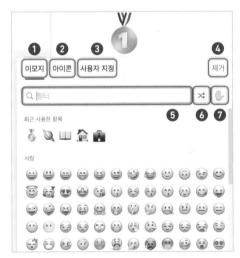

❶ 이모지는 다양한 이모티콘을 선택할 수 있는 화면입니다. 아이콘을 클릭하
면 위의 그림처럼 다양한 이모지 중 아이콘을 선택할 수 있습니다. 마우스
휠을 내리면 더 다양한 이모지가 있습니다.

❷ [아이콘]을 클릭하면 오른쪽 그림처럼 다양한 아이콘을 선택할 수 있습니다.

❸ [사용자 지정]을 클릭하면 이미지를 업로드하거나 이미지 링크를 첨부하여 아이콘을 변경할 수 있습니다.

❹ [제거]를 클릭하면 아이콘이 삭제됩니다.

❺ [필터] 창에 이모지를 검색할 수 있습니다.

❻ [랜덤]을 클릭하면 아이콘이 랜덤으로 나옵니다.

❼ 이모지 중 사람 얼굴 이모지의 피부색을 변경할 수 있습니다.

책의 이모지와 제 노션 창의 이모지가 조금 다릅니다.

Mac, iOS, Windows, Androiod 별로 지원하는 이모지는 전반적으로 같습니다. 다만, 디자인이 조금씩 다릅니다.

◐◖◗ 커버 추가 및 변경

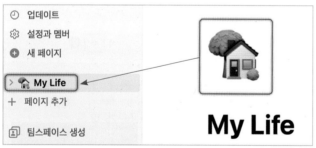

필터 창에 '집'을 검색한 뒤, '정원이 있는 집'을 선택했습니다. 좌측 사이드바에도 아이콘 변경된 것이 실시간으로 반영됩니다.

❶ 제목에 마우스를 가져다 대면 나오는 [커버 추가]를 클릭합니다. 아이콘처럼 커버가 랜덤으로 나옵니다.

❷ [커버 변경]을 클릭합니다.

❸ 사진의 사이즈가 클 때 [위치 변경]을 클릭하고 드래그를 하면 커버 사진의 위치를 변경할 수 있습니다. [위치 변경] 후에는 [위치 변경]이 있던 위치에 [위치 저장]이 나옵니다. 위치 변경 후에는 [위치 저장]을 눌러 저장해야 합니다.

[커버 변경]을 클릭하면 나오는 화면입니다.

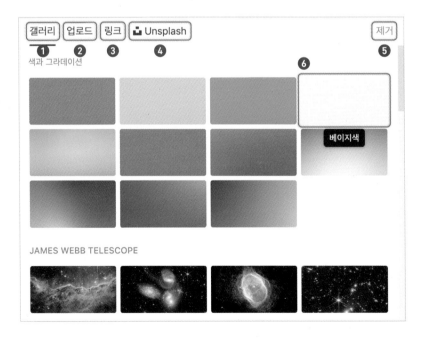

❶ [갤러리]는 노션에 기본으로 저장된 그림들입니다. 단색, 그러데이션, 여러 사진 등을 선택할 수 있습니다.

❷ [업로드]를 통해 원하는 커버 이미지를 업로드할 수 있습니다.

❸ [링크]를 누르고 원하는 이미지의 링크를 삽입하여 커버를 변경할 수 있습니다.

❹ [Unsplash]는 영어로 된 외부 사이트 링크입니다. 영어로 검색을 하여 다양한 사진을 선택할 수 있습니다. 예쁘고 감성적인 사진이 많아 추천합니다.

❺ 페이지를 깔끔하게 활용하고 싶으시면 [제거]를 누르면 됩니다.

❻ [갤러리]에서 가장 인기 많은 색은 베이지색입니다. 베이지색으로 커버를 설정하면 깔끔한 느낌의 노션 페이지를 만날 수 있습니다.

▶ **정민쌤의 영상 과외**

노션 아이콘과 커버

◖◗◯ 하위 페이지

'/'를 입력하면 여러 가지 기능을 사용할 수 있습니다. '/'를 입력하고 마우스 휠을 아래로 내려서 다양한 기능들을 살펴보세요. 이 모든 기능들을 노션에서 무료로 지원하고 있습니다. 여러 가지 기능 중 하위 페이지를 먼저 만들어 보겠습니다.

❶ ' / '를 입력하고 [페이지]를 클릭하면, 'My Life' 메인 페이지 아래에 하위
페이지가 만들어집니다.

❷ 만들어진 페이지의 제목에 '영어 공부'라고 입력합니다. 제목에 마우스를
가져다 대어 [아이콘 추가]를 클릭하고 앞에서 살펴본 [아이콘 추가 및 변
경] 절차처럼 원하는 아이콘으로 변경합니다.

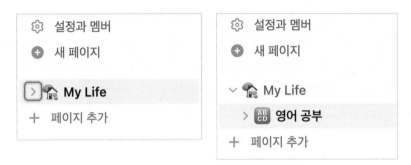

❸ 좌측 사이드바의 ＞ 를 클릭하면 'My Life' 메인 페이지 아래에 위의 그림
처럼 '영어 공부'라는 하위 페이지가 생성된 것이 보입니다. '영어 공부' 페
이지의 아이콘과 제목도 똑같이 나옵니다.

❹ '영어 공부' 페이지에서 'My Life' 메인 페이지로 이동하려면 좌
측 사이드바의 'My Life'를 클릭하거나 상단의 'My Life'를 클릭
하면 됩니다.

하위 페이지 속의 하위 페이지를 만들 수 있을까요?

'영어 공부' 페이지 내부에 '/'를 입력하고 [페이지]를 클릭하면 '영어 공부' 페이지 내부에 하위 페이지를 만들 수 있습니다.

❺ 메인 페이지로 나왔더니 '영어 공부' 페이지가 보입니다. 하위 페이지인 '영어 공부' 페이지로 돌아가려면 좌측 사이드바의 '영어 공부'를 클릭하거나 메인 화면의 '영어 공부'를 클릭하면 됩니다. '영어 공부' 페이지를 클릭해 보겠습니다.

❻ 다시 '영어 공부' 하위 페이지로 들어왔습니다.

◖◗● 제목

노션에서는 [제목 1] 크기, [제목 2] 크기, [제목 3] 크기, 일반 [텍스트] 크기 총 4가지 크기로 글자를 입력할 수 있습니다. [제목 1]이 가장 크고, [제목 3]이 가장 작습니다. 아무런 설정을 하지 않고 데이터를 입력하면 일반 [텍스트] 크기로 입력됩니다.

> # 제목 1의 크기
> ## 제목 2의 크기
> ### 제목 3의 크기
> 일반 텍스트의 크기

[제목] 기능을 활용해 '영어 공부' 페이지 내에 데이터를 입력하겠습니다.

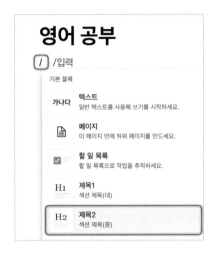

❶ '/'를 누르고 [제목 2]를 클릭합니다. 'Speaking'이라고 데이터를 입력하겠습니다.

❷ Enter를 눌러 다음 줄로 이동하면, 자동으로 일반 텍스트 크기로 데이터를 입력할 수 있습니다.

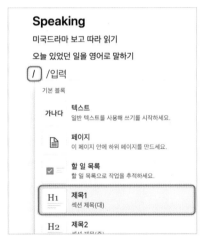

[제목]은 노션에서 정말 많이 사용하므로 단축키를 알아 두도록 합니다.

\# + Spacebar
　→ 제목 1
\#\# + Spacebar
　→ 제목 2
\#\#\# + Spacebar
　→ 제목 3

❸ 이번에는 ' / '를 누르고 [제목 1]을 클릭하겠습니다. 'Reading'이라고 데이터를 입력하겠습니다.

❹ 아까와 같이 Enter를 눌러 다음 줄로 이동해, 일반 텍스트 크기의 데이터를 입력합니다. [제목 2]와 [제목 1], 일반 텍스트의 크기의 차이를 실감할 수 있습니다.

●●● 전환하기

[제목 1]의 크기의 'Reading'을 [제목 2]의 크기로 전환해 보겠습니다. 다음 원리로 [제목 2]뿐 아니라 [제목 3], 앞으로 배울 다양할 블록으로 전환 가능하므로 꼭 기억하도록 합니다.

노션은 블록(⠿)으로 구성되어 있습니다. 각각의 줄 앞에 마우스를 가져다 대면 ⠿ 이 나올 겁니다. ⠿ 을 클릭해 다른 블록으로 전환할 수도 있으며, 드래그해서 위치를 옮길 수도 있습니다.

❶ [제목 1]의 크기의 'Reading' 앞에 마우스를 가져다 대고 ⠿ 을 클릭합니다. ⠿ 을 클릭하면 해당 줄 데이터 삭제, 복제 등 다양한 설정 변경이 가능합니다. 그중 [전환]을 클릭합니다.

되돌리기, 복사하기, 붙여넣기 단축키는 다른 워드프로세서와 동일한가요?

되돌리기, 복사하기, 붙여넣기 단축키는 한컴 등의 워드프로세서와 동일합니다. 자주 사용하는 단축키로, 노션에 데이터를 정리할 때 편리하므로 외우도록 합니다.
되돌리기: Ctrl(Command) + Z
복사하기: Ctrl(Command) + C
붙여넣기: Ctrl(Command) + V

❷ [전환]을 클릭하면 현재 줄의 설정을 여러 가지로 변경할 수 있습니다. [제목 2]를 클릭하지 않고 다른 것을 클릭하여 다른 설정으로 변경할 수도 있습니다. 이번에는 'Speaking'과 크기를 맞추기 위해, [제목 2]를 클릭하겠습니다.

❸ 'Speakding'과 'Reading'이 모두 [제목 2]의 크기가 되었습니다.

●●● 할 일 목록, 번호 매기기 목록, 글머리 기호 목록

체크리스트의 기능을 하는 [할 일 목록]을 알아보겠습니다.

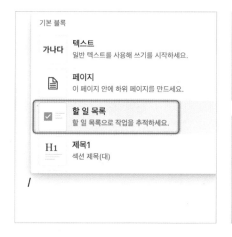
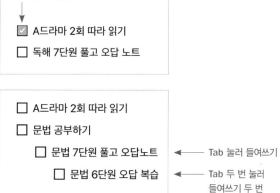

❶ '/'를 누르고 [할 일 목록]을 누릅니다.

❷ 데이터를 입력합니다. 체크박스를 클릭하면 'A드라마 2회 따라 읽기'처럼 체크가 되고, 다시 누르면 체크가 해제됩니다. [할 일 목록]이 있는 줄에서 Enter를 누르면 [할 일 목록]이 자동으로 한 줄 더 생깁니다.

❸ 키보드에서 Tab을 누르면 들여쓰기가 됩니다. 하위 항목화 해서 관리할 수 있습니다. Tab을 두 번 누르면 들여쓰기가 두 번 됩니다. Shift+Tab을 누르면 들여쓰기가 취소됩니다.

자료를 정리할 때 편리한 [글머리 기호 목록]을 알아보겠습니다.

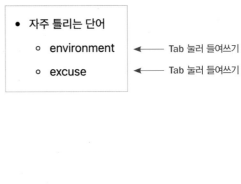

❶ '/'를 누르고 마우스 휠을 내린 다음 아래쪽에 [글머리 기호 목록]을 누릅니다.

'/' 제대로 활용하기

'/할'을 입력하면 할 일 목록을 빠르게 선택할 수 있고, '/글'을 입력하면 글머리 기호 목록을 빠르게 선택할 수 있습니다. 매번 '/'를 누르고 마우스 휠을 내려 기능을 선택하기 번거로우니, '/' 입력 후 원하는 기능이 들어간 글자를 입력하는 것을 추천합니다. 앞으로 배울 다양한 기능들도 마찬가지로 '/'와 기능의 이름을 입력하면 됩니다.

❷ [할 일 목록]처럼 Tab을 눌러 들여쓰기를 하면 자료를 구조적으로 정리할 수 있습니다. Shift+Tab을 누르면 들여쓰기가 취소됩니다.

번호가 자동으로 생성되는 [번호 매기기 목록]을 알아보겠습니다. 앞서 배운 [할 일 목록], [글머리 기호 목록]과 비슷합니다.

❶ '/'를 누르고 마우스 휠을 내린 다음 아래쪽에 [번호 매기기 목록]을 누릅니다.

❷ Tab을 눌러 들여쓰기를 하면 자료를 구조적으로 정리할 수 있습니다. Shift+Tab을 누르면 들여쓰기가 취소됩니다.

●●● 토글 목록

'My Life' 메인 페이지로 나와서, 앞서 하위 페이지에서 배운 대로 '요리'
라는 새로운 하위 페이지를 만들고 [토글 목록]에 대해 알아보겠습니
다.

❶ 앞서 Tip에서 배웠듯이 '/토'를 입력하면 [토글 목록]을 빠르게 선택할 수 있
습니다.

❷ 데이터를 입력하고 버튼을 누릅니다.

❸ [빈 토글입니다. 클릭하거나 블록을 내부로 드래그하세요.]를 클릭하고 데
이터를 입력합니다.

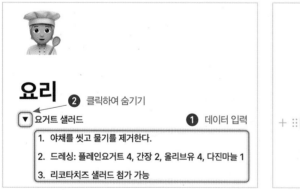

❹ 일반 텍스트를 입력할 수도 있고, 앞서 배운 [할 일 목록], [글머리 기호 목
록], [번호 매기기 목록] 등 다양한 기능을 넣을 수도 있습니다. 저는 [번호
매기기 목록]을 활용하여 데이터를 입력하였습니다. ▼ 버튼을 누르면 아
래에 입력했던 데이터가 더 이상 보이지 않습니다.

❺ 숨긴 데이터를 다시 보고 싶으면 ▶ 버튼을 누르면 됩니다.

제목 토글은 토글 목록과 같은 기능입니다. 다만, 토글 목록이 제목처럼 크기가 큽니다.

좌측 사이드바도 [토글 목록]으로 구성되어 있습니다. 'My Life' 메인 페이지 앞의 ＞ 버튼을 누르면 하위 페이지가 보였다가, ∨ 버튼을 누르면 하위 페이지가 보이지 않습니다.

 정민쌤의 영상 과외

 노션 기본 기능#1
할 일 목록, 글머리 기호 목록, 번호 매기기 목록, 토글 목록, 콜아웃, 인용, 구분선, 이모지

 Points!

● 노션은 아이콘, 커버 등의 기능을 활용해 취향이 가득한 나만의 페이지 만들기 가능!
● 하위 페이지를 생성해 탭별로 데이터를 체계적으로 저장 가능!
● 할 일 목록, 번호 매기기 목록, 글머리 기호 목록에 Tab으로 들여쓰기를 하면 자료를 체계적으로 정리 가능!

메인 페이지 꾸미기

02

메인 페이지를 꾸미기 위한 기능들을 배워 보겠습니다.

◐◐◐ 색 변경하기

색을 변경하기 위해 먼저 제목을 입력해 보겠습니다.

❶ 'My Life' 메인 페이지와 '영어 공부' 하위 페이지 사이에 데이터를 입력하려고 합니다. 'My Life' 메인 페이지의 제목 맨 뒤를 클릭해서 커서를 두고 Enter를 누릅니다.

❷ [제목2] 크기로 '자기 계발'이라고 입력하겠습니다.

'자기 계발'의 배경 색을 변경해 보겠습니다.

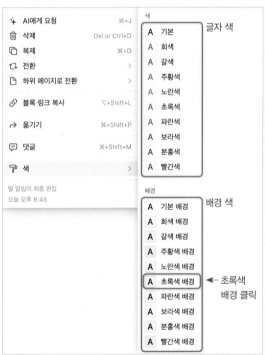

❶ '자기 계발' 앞에 마우스를 가져다 대고 ⠿ 을 클릭
   하고 [색]을 클릭합니다.

❷ [색]을 선택하면 글자 색을 변경할 수 있고, [배
   경]을 선택하면 배경 색을 변경할 수 있습니다.
   색이 파스텔톤으로 통일되어 있기 때문에, 통일
   된 색감으로 감성적인 페이지를 꾸밀 수 있습니
   다. [초록색 배경]을 선택하겠습니다.

초록색 배경으로 바뀐 모습

다른 색으로 변경하기 위해 ⠿ 을 클릭하여 [색]을 변경하는 ❶ 방법 말고 다른 방법을 배워 보겠습니다.

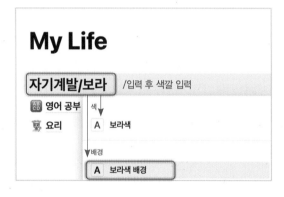

❸ '자기 계발' 뒤에 '/'와 색을 입력하면 해당 글자 색이나 배경 색으로 변경할 수 있습니다. 이 방법을 활용하면 더 빠르게 색깔을 변경할 수 있습니다.

❹ [보라색 배경]으로 변경해 보겠습니다.

앞에서 배운 하위 페이지 만들기, 색 변경하기를 활용해서 오른쪽 페이지처럼 만들어 보겠습니다. '재테크'는 분홍색 배경, '메모'는 빨간색 배경으로 지정하였습니다.

색 변경이 완료된 모습

◖◗ 단 나누기

단을 나누어 가시성이 좋게 페이지를 꾸며 보겠습니다.

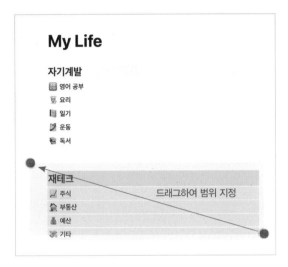

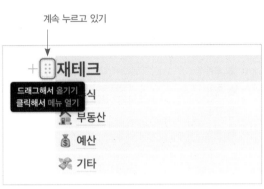

❶ 드래그하여 범위를 지정합니다.

❷ 범위 지정한 곳 맨 앞에 ⠿ 을 꾹 누르고 있도록 합니다.

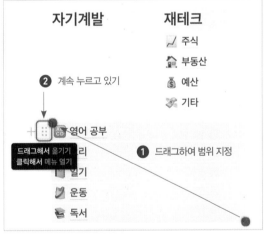

❸ 드래그하여 '자기계발' 오른쪽에 [파란색 세로선]이 생겼을 때 마우스를 놓습니다. 파란색 선은 그 곳으로 데이터를 옮긴다는 뜻입니다. 현재는 '자기계발' 오른쪽에 [파란색 세로선]이 생겼으므로 '자기계발' 오른쪽에 드래그한 데이터를 옮길 수 있습니다.

❹ '재테크' 탭은 정상적으로 붙었는데, 첫 번째 단의 데이터가 떨어져 있어 붙여 보겠습니다. 아까와 같은 방법으로 범위 지정 후 ⠿ 을 꾹 누르고 있도록 합니다.

계속 드래그하여
파란색 가로선이 뜨면
마우스 놓기
이곳에 붙인다는 뜻

❻ 단이 나뉘었습니다.

❺ 계속 드래그하여 '자기계발' 아래쪽에 [파란색 가
로선]이 생겼을 때 마우스를 놓습니다. 아까와 마
찬가지로 그곳에 데이터를 붙인다는 뜻입니다.

나머지 탭도 범위를 지정하여 세 단으로 나누어 보겠습니다.

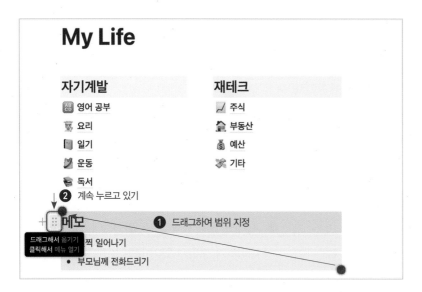

❶ 나머지 단도 나누어 보겠습니다. 아까와 마찬가지로 범위를 지정하고 맨 앞
에 ⠿ 을 꾹 누르고 있도록 합니다.

가장 쉬운 독학 노션 첫걸음

계속 드래그하여
파란색 세로선이 뜨면
마우스 놓기
이곳에 붙인다는 뜻

❷ 계속 드래그하여 '재테크' 오른쪽에 [파란색 세로선]이 생겼을 때 마우스를
놓습니다. 아까와 마찬가지로 그곳에 데이터를 붙인다는 뜻입니다.

세 단으로 나뉘었습니다.

**열 블록을 활용해 단을 나눌
수도 있습니다.**

' / 열'을 입력하여 단을 나눌
수도 있습니다. 2개의 열은
해당 줄을 2개의 단으로 나누
며, 3개의 열은 해당 줄을 3
개의 단으로 나누게 됩니다.
최대 5개의 단으로 나눌 수 있
는 기능을 지원합니다.

단을 나눌 때 ⋮⋮ 을 계속 클릭했는데요, ⋮⋮ 은 블록을 위에서 본 모양입니다. 우리가 단을 나눈 것은 마치 블록을 조립한 것과 비슷합니다. 반대로 블록을 해체(단을 분리)할 수도 있습니다. 즉, 노션은 블록 기반으로 조립했다가 해체하여 사용자가 원하는 대로 설정할 수 있는 자유도가 높은 올인원 프로그램입니다.

▶ 정민쌤의 영상 과외

노션 기본 기능#2
제목, 단 나누기, 배경, 색

●◐○ 페이지 옮기기, 다른 페이지로 이동하기

페이지를 옮기는 방법에 대해 알아보겠습니다.

❶ '주식' 페이지 내부에 '한국 주식', '미국 주식' 하위 페이지를 만들겠습니다.

❷ ⋮⋮ 을 클릭하고 [옮기기]를 누릅니다.

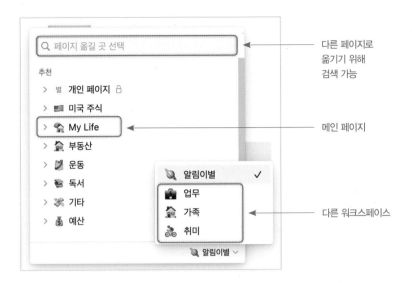

다른 페이지로
옮기기 위해
검색 가능

메인 페이지

다른 워크스페이스

❸ 업무, 가족, 취미는 Chapter 1에서 생성했던 다른 워크스페이스입니다.
즉, [옮기기]를 활용해서 다른 워크스페이스로 페이지를 옮길 수 있습니다.
'My Life'는 메인 페이지입니다. 같은 워크스페이스 내부의 다른 페이지로
이동할 수도 있습니다. 원하는 페이지가 나오지 않는 경우 검색할 수도 있
습니다.

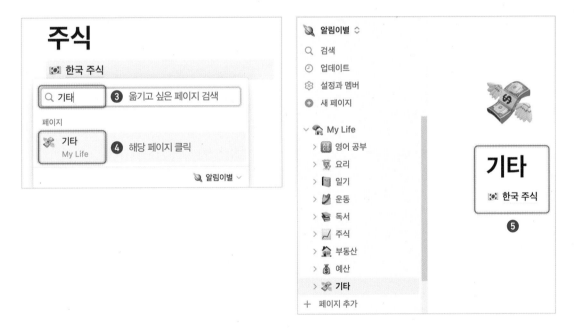

❹ '기타'를 검색한 뒤, '기타' 페이지를 누르겠습니다.

❺ '기타' 페이지로 '한국 주식' 페이지를 옮기는 데 성공했습니다.

단을 나눌 때처럼, 블록을 조립하듯이 드래그를 해서 페이지를 옮길 수
도 있습니다.

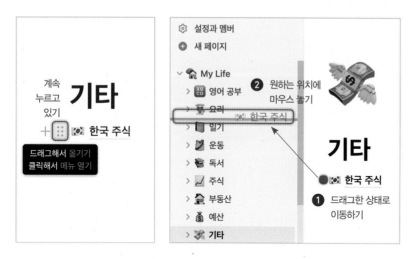

❶ '한국 주식' 페이지 앞에 ⠿ 을 꾹 누르고 있도록 합니다.

❷ 드래그하여 사이드바에서 옮기고 싶은 위치에 [파란색 가로선]이 떴을 때
마우스를 놓습니다.

❸ 'My Life' 메인 페이지로 나오면 한국 주식이 사이드바에 옮겼던 위치대로
옮겨진 것이 보입니다.

'한국 주식' 페이지를 다른 페이지 안에 넣어 보겠습니다.

❶ '한국 주식' 페이지 앞에 ⠿ 을 클릭합니다.

❷ 드래그한 뒤 옮기고 싶은 페이지 위치에서 마우스를 놓습니다. 이때 옮기고
싶은 페이지가 파란색으로 변해야 페이지가 옮겨집니다.

❸ ❷와 같은 방법으로 메인 페이지에서 옮겨도 되지만, 사이드바에서 옮겨도
상관없습니다.

❹ '주식' 페이지로 들어가면 '한국 주식' 페이지가 정상적으로 들어간 것이 보
입니다.

다음으로는 페이지를 보기 좋게 정렬해 보겠습니다.

❶ '한국 주식' 페이지 앞에 ⠿ 을 클릭합니다.

❷ 파란색 세로선의 위치에 따라 페이지의 위치를 변경할 수 있습니다.

❸ 혹은 단을 나누어, 옆으로 정렬할 수도 있습니다.

❹ 페이지로도 단을 나누었습니다.

▶ 정민쌤의 영상 과외

노션 기본 기능#3
페이지 만들기&옮기기

가장 쉬운 독학 노션 첫걸음

❶ Ctrl(Command)를 누른 상태로 페이지를 클릭하면, 노션 상단에 페이지가 새로운 탭으로 열립니다. 웹사이트처럼 필요한 페이지를 탭으로 열어 두고, 필요한 페이지를 왔다 갔다 하면서 보면 편리합니다.

❷ Ctrl(Command)+Shift+N을 클릭하면 새 창이 열립니다.

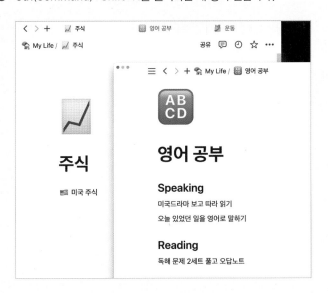

●◐○ 페이지별 설정

우측 상단 ⋯을 클릭하면 페이지별 세부 설정이 가능합니다. 많이 쓰는 기능 위주로 알아보겠습니다.

❶ 노션에서는 세 가지 글꼴을 제공합니다. 사용자들은 기본 글꼴을 많이 쓰는 편입니다.

❷ 페이지의 좌우 여백이 없어집니다.

❸ 페이지의 기록을 볼 수 있습니다. 요금제별로 페이지의 기록 보관일이 다르며, 페이지의 기록뿐 아니라 원하는 시점으로 데이터를 복원할 수도 있습니다.

❹ PDF, HTML, Markdown 형태로 노션 페이지의 데이터를 내보낼 수 있습니다. 주로 해당 페이지를 PDF로 내보내고 인쇄물로 출력할 때 많이 사용합니다.

● 자세한 사항은 250쪽에서 다루었습니다.

앞서 배운 것처럼 우측 상단 ··· 을 클릭한 뒤 [전체 너비]를 눌러서 좌우 여백을 설정해 주겠습니다. 설정 전과 후에 차이가 나는 것을 확인할 수 있습니다. 페이지별로 좌우 여백을 없애고 싶은 경우 전체 너비를 설정하도록 합니다.

전체 너비 안 한 상태

전체 너비 한 상태

1. 페이지별 설정은 전체 설정이 아닙니다.

페이지별 설정은 개별 페이지에 대한 설정입니다. 예를 들어 'My Life' 메인 페이지에서 전체 너비 설정을 했다고 해서 '주식' 페이지, '영어 공부' 페이지 모두 전체 너비 설정이 되지 않습니다. 개별 페이지별로 설정해서 활용하도록 합니다.

2. 확대와 축소

Ctrl(Command)과 +를 누르면 노션 페이지 확대가 되고, Ctrl(Command)과 -를 누르면 축소가 됩니다. 확대와 축소는 많이 활용하니 단축키를 기억하는 것을 추천합니다.

◖◖◗ 콜아웃

[콜아웃]은 돋보이는 글로, 메인 페이지에 명언을 적을 때도 많이 사용하고, 각 페이지에 강조하고 싶은 내용을 작성할 때 많이 씁니다.

❶ 페이지의 제목 뒤를 클릭하고 Enter를 누릅니다.

❷ '/콜'을 입력하고 [콜아웃]을 선택합니다.

❸ 콜아웃 앞에 이모지를 클릭해서 다른 이모지로 변경할 수 있습니다.

나만의 예쁜 메인 페이지 템플릿이 완성되었습니다.

완성된 My Life 메인 페이지

 정민쌤의 막강 링크

 나만의 예쁜 메인 페이지 만들기 템플릿 링크

- 통일된 파스텔톤 색감과 단 나누기로 감성적인 페이지 꾸미기 가능!
- 단을 나누면 가시성이 좋은 페이지가 된다!
- 페이지를 원하는 데로 옮겨서 맞춤형 페이지 제작 가능!
- 각 페이지에 강조하고 싶은 내용을 작성할 때는 [콜아웃] 기능! 꾸미기에도 안성맞춤!

다양한 블록 활용하기

좌측 사이드바에 [페이지 추가]를 눌러 '수업 정리'라는 메인 페이지를 만들고 '기초수학', '노선', '코딩' 이라는 하위 페이지를 만들었습니다.

알면 편한 단축키! Alt (Mac은 option)를 누른 상태에서 ⠿ 을 드래그하면 복사가 됩니다.

●●● 수학 블록

'기초수학' 페이지에서 수학 블록에 대해 알아보겠습니다. 노선에서는 Tex 문법 기반으로 수학 공식을 만들어 줍니다. Tex 문법은 아래 사이트(위키백과: Tex 문법)를 참고하도록 합니다.

Tex 문법 참고 사이트: https://m.site.naver.com/1gi2q

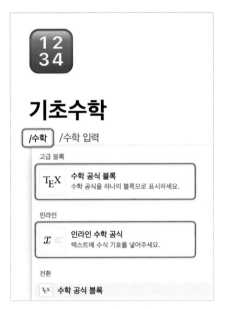

수학 블록 생성

인라인 수학 공식은 텍스트로 인식하기 때문에 수학 공식 앞/뒤에 데이터를 입력할 수 있습니다. 반면 수학 공식 블록은 콜아웃처럼 구분된 형태입니다.

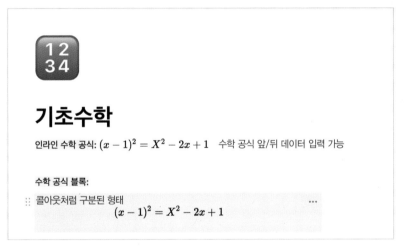

인라인 수학 공식과 수학 공식 블록 차이

●◗● 링크 복사와 파일 첨부

자료를 정리할 때 링크 복사와 파일 첨부는 필수적입니다. Youtube 영상 주소를 복사해서 '노션' 페이지에 붙여넣기(Windows에서는 Ctrl+V, Mac에서는 Command+V) 해 보겠습니다.

❶ 해제

❷ 동영상 임베드

❸ 북마크

❶ 해제를 누르면 위의 그림처럼 영어로 된 링크가 뜹니다. 링크를 간단하게 나타낼 때 사용합니다.

❷ Youtube 동영상 링크를 복사 후 [동영상 임베드]를 클릭하면 동영상을 임베드 할 수 있습니다. 재생 버튼을 누르면 Youtube에 들어가지 않아도 바

로 영상을 재생할 수 있습니다.

❸ 북마크를 누르면 썸네일과 간단한 설명이 정리된 카드가 뜹니다. 카드를 누르면 해당 링크로 연결됩니다.

영상 링크가 아닌 경우에도 링크 붙여넣기 후 해제를 눌러 간단한 링크 생성과 북마크 생성은 가능합니다. 따라서 자료를 정리할 때 유용하게 활용할 수 있습니다.

노션에서는 hwp, pdf, pptx 등 어떠한 확장자여도 파일 첨부가 가능합니다. 파일 첨부 후에는 첨부된 파일을 클릭하면 다운로드할 수 있습니다. 파일 첨부에는 2가지 방법이 있는데, 먼저 드래그하여 파일을 첨부하는 방법입니다.

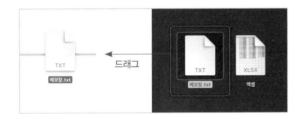

1. 개인 무료 요금제는 5MB 이하 파일만 업로드 가능

개인 무료 요금제에서는 5MB 이하의 파일만 첨부가 가능합니다. 노션 전체에서 5MB 이하가 아니라, 각각 파일의 용량 제한이 5MB입니다. 예를 들어 4.9MB의 파일을 100개 이상 업로드도 가능합니다.

2. 링크 붙여넣기 꿀팁

링크는 용량 개념이 없습니다. 따라서 구글드라이브, 원드라이브 등에 용량이 큰 파일을 업로드하고, 링크를 복사해서 노션에 붙여 넣는 것은 개인 무료 요금제여도 가능합니다. 용량이 큰 파일을 자주 쓰는 것이 아니라면, 개인 무료 요금제와 드라이브 링크 조합으로 활용을 해 보세요. 그래도 불편하시다면 개인 프로 요금제를 결제하시는 것을 추천합니다.

두 번째로 파일 블록을 활용하는 방법입니다. '/파일'을 입력하고 [파일

을 선택하세요]를 클릭하여 파일을 업로드할 수 있습니다.

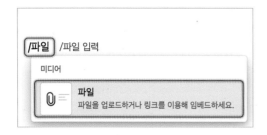

코드 블록

노션은 프로그래밍 언어를 표현하는 기능을 지원합니다.

❶ '/ 코드'를 입력하고 [코드]를 선택합니다.

❷ 랜덤으로 나온 언어를 클릭하고, 언어를 검색하거나 스크롤하여 클릭하면
원하는 언어로 자료를 정리할 수 있습니다.

●●● 목차 만들기

[제목] 블록을 활용하면 목차를 자동으로 만들 수 있습니다. '코딩' 페이지에 [제목] 블록을 활용해 입력해 보겠습니다.

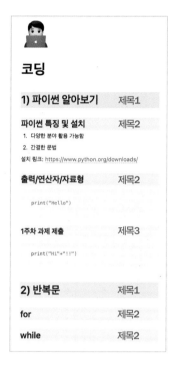

제목 아래에 [목차] 블록을 생성해 보겠습니다. '코딩' 페이지에 [제목] 블록을 입력했기 때문에, 목차는 자동으로 생성됩니다.

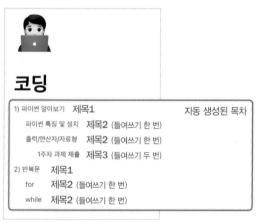

❶ '/ 목차'를 입력하고 [목차]를 선택합니다.

❷ 목차에서 제목1은 들여쓰기가 안 되어 있고, 제목2는 들여쓰기가 한 번, 제목3은 들여쓰기가 두 번 됩니다. 제목 블록으로 자료를 정리하고, 목차를 생성하면 자동으로 생성되니 매우 편리합니다. 또한, 목차를 클릭하면 해당 데이터가 있는 곳으로 이동합니다. 예를 들어, '2) 반복문'을 클릭하면 [제목1] 크기로 입력된 '2) 반복문'이 있는 위치로 이동합니다.

●●● 동기화 블록

동기화 블록을 활용하면, 다른 페이지에서도 같은 데이터를 동기화하여 활용할 수 있습니다. '수업 정리' 페이지에 '내일 보충할 점: 보충노트 꼭 읽어보기'라는 데이터를 입력하고 동기화해 보겠습니다.

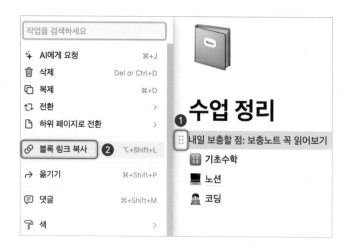

❶ ⣿ 을 클릭하고 [블록 링크 복사]를 누릅니다.

❷ 'My Life' 페이지의 하위 페이지인 '일기' 페이지에서 붙여넣기(Windows에서
는 Ctrl+V, Mac에서는 Command+V) 한 뒤, [붙여넣고 동기화하기]를 클릭합니다.
이제 서로 다른 페이지에 있는 두 블록이 동기화되었습니다.

❸ 데이터를 수정해 보겠습니다. '보충노트 꼭 읽어보기'를 지우고, '예습하기'
라고 입력하겠습니다.

❹ '수업 정리' 페이지로 돌아가니 데이터가 '예습하기'로 변경된 것이 보입니
다. 다른 페이지에서 데이터를 수정했지만, 동기화하였기 때문에 내용이
실시간으로 함께 수정됩니다.

동기화 블록 내부를 클릭하고 ⋯ 를 클릭한 뒤 [동기화 모두 해제]를 클
릭하면, 동기화가 더 이상 되지 않습니다. 데이터를 수정하여도, 복사하
였던 다른 블록에서도 데이터가 함께 수정되지 않습니다.

실습은 서로 다른 페이지에서 동기화를 하였지만, 같은 페이지 내에서
도 동기화할 수 있습니다. 또한 동기화 블록은 여러 개를 복사하여 활
용할 수도 있습니다.

⬤⬤ 페이지 링크 복사

특정 페이지를 여러 곳에서 접근할 수 있게 페이지 링크를 복사해 보겠습니다.

❶ '노션' 페이지의 ⠿ 을 클릭하고 [링크 복사]를 클릭합니다.

❷ 'My Life' 페이지에서 붙여넣기(Windows에서는 Ctrl+V, Mac에서는 Command+V)하고 [페이지 링크]를 클릭합니다. 만약 [페이지 멘션]을 클릭한다면 [인라인 수학 공식]처럼 텍스트로 인식이 되어, 멘션된 페이지 옆에도 데이터를 입력할 수 있습니다. 이 외에 [페이지 링크]와 [페이지 멘션]은 기능적으로 차이가 없습니다.

❸ 이제 '수업 정리' 페이지뿐 아니라, 'My Life' 페이지에서도 '노션' 페이지로 접근할 수 있습니다. 좌측 사이드바에서도 이를 확인할 수 있습니다.

가장 쉬운 독학 노션 첫걸음

⬤◗◔ 간단한 표 만들기

한컴처럼 노션도 간단한 표를 만들 수 있습니다. 간단한 표는 Chapter 3에서 배울 [표 보기]와 다릅니다. [표 보기]는 정렬, 필터, 다른 데이터 베이스와의 연동 등의 다양한 기능을 가지고 있지만, 색 등을 활용하여 꾸미기는 어렵습니다. 반면 간단한 표는 기능은 거의 없지만 색깔 등을 활용하여 예쁘게 꾸밀 수 있습니다.

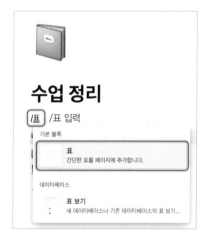

❶ '/표'를 입력하고 [표]를 선택합니다. **이때 [표 보기]가 아닌 [표]를 누르도록 합니다.**

❷ 표의 오른쪽에 마우스를 가져다 대면 [+] 버튼이 활성화됩니다. [+] 버튼을 좌우로 드래그하면 열을 추가하거나 열을 줄일 수 있습니다.

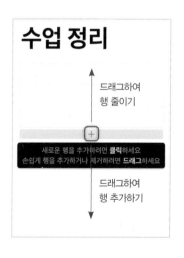

❸ 마찬가지로 표의 아래쪽에 마우스를 가져다 대면 [+] 버튼이 활성화됩니다. [+] 버튼을 상하로 드래그하면 행을 추가하거나 행을 줄일 수 있습니다.

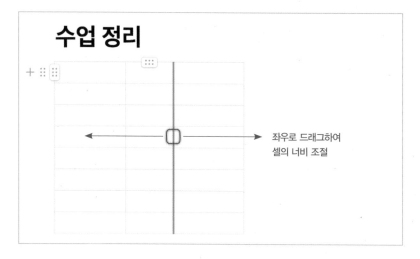

❹ 셀과 셀 사이에 마우스를 가져다 대면 파란색 세로선이 활성화됩니다. 단의 너비를 조절했던 것처럼 좌우로 드래그하면 셀의 너비를 조절할 수 있습니다.

표의 장점은 색을 추가할 수 있다는 점입니다. 표의 색을 추가하는 방법을 배워 보겠습니다.

❶ 바꾸고 싶은 줄 앞에 ⠿ 을 클릭하고 색을 클릭합니다. 그리고 원하는 글자 색이나 배경 색을 선택합니다.

❷ 해당 줄의 색이 바뀌었습니다.

❸ 가로뿐 아니라 세로도 가능합니다. 바꾸고 싶은 줄 위에 ⠿ 을 클릭하고 위와 같은 방법으로 색을 변경할 수 있습니다.

◕◔ 버튼

버튼을 활용하면 반복적으로 입력해야 하는 데이터를 자동화할 수 있습니다. '계획' 페이지를 새로 추가하겠습니다.

[버튼]을 생성하면 버튼만 누르면 자동 생성되는 틀을 만들 수 있습니다.

아래 [페이지 추가 위치], [페이지 편집 위치]는 데이터베이스에 데이터를 자동으로 넣는 방법으로, Chapter 3 151쪽부터 자세히 다룰 예정입니다. [확인 표시]는 특정 내용을 실행할지 안 할지 결정하며, [페이지 열기]는 버튼을 클릭하면 설정한 페이지가 자동으로 열리도록 하는 기능입니다.

[단계 추가]를 클릭한 뒤 [블록 삽입]을 클릭하여 자동화할 내용을 입력해 보겠습니다.

[블록 삽입]을 누르면 위 그림과 같이 나옵니다. 블록을 삽입할 위치를 설정할 수 있으며, 오른쪽 위에 ⋯ 버튼을 클릭하면 블록을 복제하거나 삭제할 수 있습니다. 또한 '/'명령어를 사용하여 노션의 모든 블록을 자동화할 수 있습니다.

입력한 뒤에 아래 [다른 단계 추가]를 클릭하면 다른 블록들을 추가하거나 다른 페이지를 열 수도 있습니다.

'/'명령어를 사용하여 삽입할 내용을 입력하였습니다. 맨 위에 버튼 이모지와 버튼 이름을 변경하고 [완료]를 클릭하겠습니다.

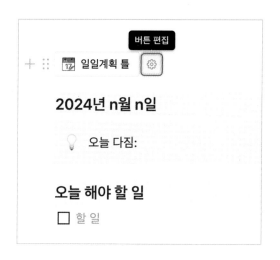

[버튼]은 일일계획 관리, 일기 틀 자동화, 회의록 틀 자동화 등 다양하게 활용할 수 있습니다.

일일계획 틀이 완성되었습니다. 버튼을 누르면 위 그림과 같이 미리 설정해 놓은 내용이 자동 완성됩니다. 또한 일일계획 틀 버튼에 마우스를 가져다 대고 톱니바퀴 모양을 클릭하면 버튼 내용을 수정할 수 있습니다.

● 블록 삽입 외에 데이터베이스를 활용한 버튼 기능은 Chapter 3 151쪽부터 다룹니다.

●●● 구분선

구분선을 입력하면 아래 그림과 같이 얇은 회색선이 나타납니다. 내용을 구분하거나 메인 페이지를 꾸밀 때 많이 활용합니다.

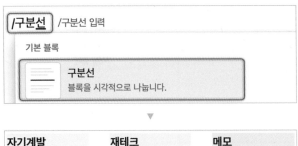

●●● 범위 지정

노션 페이지에 작성한 내용을 드래그하여 범위를 지정하면, 다양한 기능을 사용할 수 있습니다.

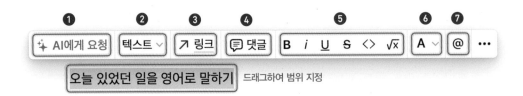

❶ 범위 지정한 내용을 노션 AI와 연동하여 활용할 수 있습니다.

❷ 앞서 배운 전환하기처럼, 범위 지정한 내용을 다른 블록으로 변경할 수 있습니다.

● 자세한 내용은 Chapter 6 261쪽 '노션 AI 활용하기'에서 다룹니다.

❸ 페이지 링크로 연결할 수 있습니다. 링크 설정 후 범위 지정한 내용을 클릭하면 링크 연결한 페이지로 연결합니다. 외부 웹사이트와 연결할 수도 있기 때문에 매우 유용합니다.

❹ 댓글을 기록할 수 있습니다.

❺ 범위 지정한 내용을 굵게, 기울임꼴, 밑줄, 취소선, 코드로, 수학 공식 형태로 표시할 수 있습니다.

❻ 색을 변경할 수 있습니다.

❼ 멘션 기능입니다.

앞에서 배운 [버튼]과 [페이지 옮기기]를 바탕으로 일일 계획 템플릿으로 관리하는 방법을 배워 보겠습니다.

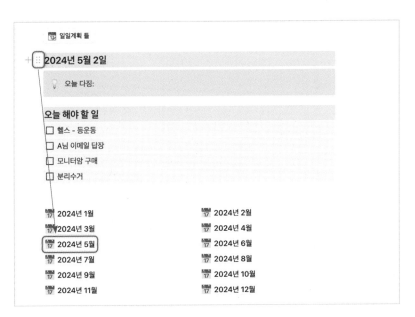

앞서 배운 '일일계획 틀' 버튼을 만들어 클릭하면 틀이 나옵니다. 틀을 수정한 뒤 전체를 범위 지정 합니다. 하루 일정이 종료되었으면 범위 지정 후 드래그하여 '2024년 5월' 하위 페이지에 옮기도록 합니다.

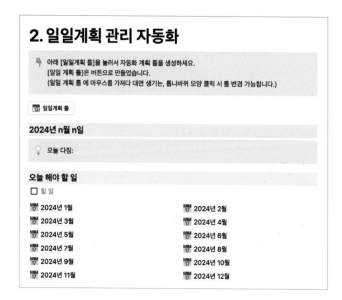

위와 같은 방법으로 매일, 매월 데이터를 쌓아 갈 수 있습니다. 일일계획

이 아니더라도 일기 틀, 회의록 틀 등으로 변형하여 활용할 수 있습니다.

정민쌤의 막강 링크

일일계획 관리 자동화 템플릿 링크

Points!

● 노션에서는 hwp, pdf, pptx 등 어떠한 확장자여도 파일 첨부가 가능!

● 노션은 프로그래밍 언어를 표현하는 기능을 지원!

● [제목] 블록을 활용하면 목차를 자동으로 만들 수 있다!

● 동기화 블록을 활용하면 다른 페이지에서도 같은 데이터를 동기화하여 활용 가능!

● 페이지 링크 복사로 특정 페이지를 여러 곳에서 접근할 수 있게!

● 노션의 간단한 표는 색깔 등을 활용해 예쁘게 꾸밀 수 있다!

● 반복적으로 입력해야 하는 데이터는 버튼으로 자동화!

페이지 아이콘을 더 예쁘게 꾸미기

배경 색, 콜아웃, 코드 블록을 활용하면 감성적으로 노션 페이지를 꾸

밀 수 있습니다.

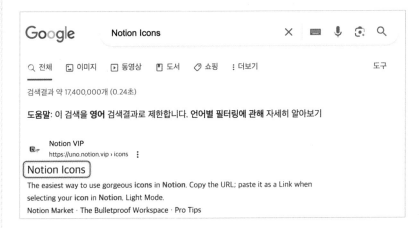

Notion Icons 홈페이지 들어가기

포털사이트에 Notion Icons를 검색하여 Notion Icons(https://www.

notion.vip/icons/) 홈페이지에 들어갑니다. Notion Icons에서는 176

개의 아이콘을 지원합니다.

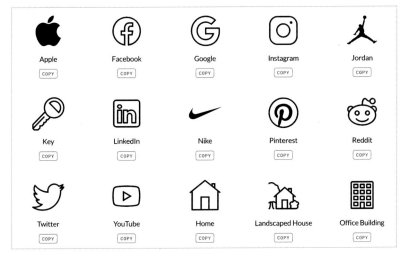

Notion Icons 아이콘 복사하기

원하는 디자인의 아이콘 아래 [copy]를 클릭합니다. 클릭하면 이미지

의 링크가 복사됩니다.

Notion Icons 아이콘
추가하기

노션 페이지 아이콘 추가를 클릭하거나 추가된 아이콘을 클릭 한 뒤 ❶

[사용자 지정] 클릭 → ❷ 복사한 링크 붙여넣기 → ❸ [제출] 클릭하면 아

래 그림처럼 페이지의 아이콘이 복사한 아이콘으로 변경됩니다.

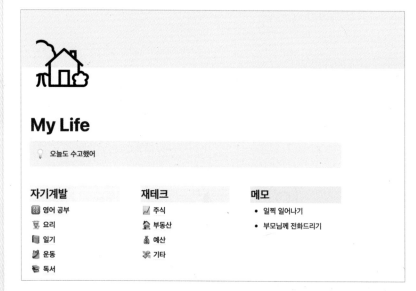

Notion Icons 아이콘이 추가된
모습

Notion Icons 홈페이지가 아니더라도, 이미지 링크가 있다면 위와 같

은 방법으로 이미지를 추가할 수 있습니다.

Chapter 3

데이터베이스로 노션 제대로 활용하기

표 보기로 노션 데이터베이스 기초 익히기

01

노션 데이터베이스는 정렬, 필터, 속성 위치 변경도 직관적이며 다양한 속성의 여러 기능을 바탕으로 자료를 효과적으로 정리할 수 있습니다. 그중 [표 보기]를 통해 독서 기록 템플릿을 만들면서 노션 데이터베이스의 기본기를 익혀 보겠습니다.

도전! 함께 해봐요!
독서 기록 템플릿

⊞ 전체보기

독서 기록

Aa 책 제목(작가)	☑ 정리	◎ 별점	≡ 종류	☀ 읽은 정도	📅 읽은 날짜
📄 마침내, 부자(반지상)	☐	★★★★★	경제/경영	● 📖 읽기 완료	2023년 10월 10일 → 2023년 10월 15일
몸이 예전 같지 않아, 나만 그래?(구도 다카후미)	☐	★★★★★	건강	● 📖 읽기 완료	2023년 10월 4일
꽃말의 탄생(셀리 쿨타드)	☐	★★★★★	에세이	● 📖 읽는 중	2023년 10월 1일
가장 쉬운 이종대왕 아이놀이 첫걸음(이종혁)	☐	★★★★★	교육	● 📖 읽을 예정	
통계학 대백과 사전(이시이 도시아키)	☐	★★★★	수학/과학	● 📖 읽는 중	2023년 9월 27일
세상에서 가장 행복한 100세 노인(에디 제이쿠)	☐	★★★★★	에세이	● 📖 읽기 완료	2023년 10월 6일 → 2023년 10월 8일
가장 쉬운 독학 BITMAN 비트코인 투자 첫걸음(정광민)	☑	★★★★★	경제/경영	● 📖 다시 읽을 것	2023년 9월 26일 → 2023년 9월 28일

+ 새로 만들기

●●● 표 보기 생성

독서 기록 템플릿을 만들기 위해 [표 보기]를 생성해 보겠습니다.

❶ ' / 표'를 입력하고 [표 보기]를 누릅니다.

❷ [새 데이터베이스 생성]을 선택합니다.

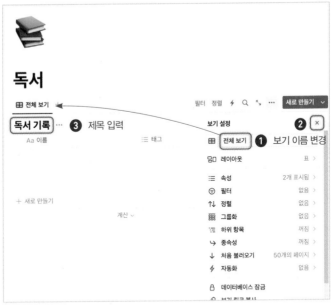

❸ 보기 탭의 [표]를 클릭하고 [보기 편집]을 클릭합니다.

❹ [보기 이름]을 '전체 보기'라고 변경합니다. 보기 탭에도 '전체 보기'라고 바
   뀐 것을 볼 수 있습니다. 제목은 '독서 기록'이라고 입력합니다.

[표 보기]의 구성 요소를 살펴보겠습니다.

[보기 탭]은 노션 데이터베이스만의 장점으로 예를 들어 A보기는 전체 데이터가 다 보이게 하고, B보기는 필터링하여 특정 데이터만 보이게 하고, C보기는 표가 아니라 캘린더로 일정을 체크하게 설정하는 등 기능만 알면 정말 다양하게 활용할 수 있습니다.

[제목]은 데이터베이스의 제목으로 Chapter 5에서 서로 다른 데이터베이스를 연결할 때 꼭 필요하므로 반드시 입력하도록 합니다.

[속성]은 데이터의 공통된 특징입니다. 예를 들어 '국어', '수학', '사회' 라는 데이터가 있다면 공통된 특징은 '과목'이므로, 속성 이름을 '과목'으로 설정하면 됩니다.

[새로 만들기]를 누르면 새로운 줄이 추가됩니다.

◖◗◯ 표 보기 속성

속성 이름 변경하기

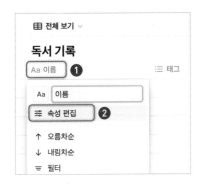

❶ 'Aa 이름' 속성을 누르고 [속성 편집]을 누르면 [속성 편집] 창이 나옵니다.

❷ 속성의 이름을 '책 제목(작가)'으로 변경합니다.

속성 유형 변경하기

❶ 같은 방법으로 '태그' 속성을 누르고 [속성 편집]을 누릅니다. [속성 편집]을 누르면 [속성 편집] 창이 나옵니다. [속성 편집] 창은 앞으로 계속 쓰이니 꼭 기억하도록 합니다.

❷ [속성 편집] 창에서 속성 이름을 '읽은 정도'로 변경하고, 속성 유형을 [상태]로 변경합니다. 속성 유형은 19가지가 있는데, 자세한 것은 뒤에서 배울 예정입니다.

새로운 속성 추가하기

❶ [+]를 눌러 새로운 속성을 추가합니다.

❷ 새로 추가된 속성의 속성 유형을 '체크 박스'로 선택합니다.

❸ 속성 이름은 '정리'로 변경합니다. 독서 후 정리했는지 여부를 체크하기 위한 속성입니다.

속성 설정

❶ 속성을 누르고 좌우로 드래그하면 속성의 위치를 변경할 수 있습니다.

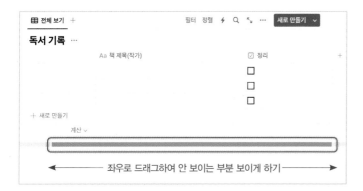

❷ 표가 좌우로 너무 넓은 경우 아래쪽에 회색 스크롤바가 생깁니다. 회색 스크롤바를 좌우로 드래그하면 숨겨진 부분을 볼 수 있습니다.

속성 너비 조절

❸ 속성과 속성 사이에 마우스를 대고 좌우로 드래그하면 속성의 너비를 조절할 수 있습니다.

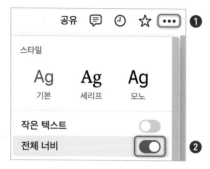

전체 너비

❹ [표 보기]에 데이터를 입력하면 좌우 여백이 부족한 경우가 많으므로, 우측 상단에 ••• 를 클릭하여 전체 너비로 설정하는 것을 추천합니다.

속성을 추가하고, 셀의 너비 조절 및 속성의 위치를 바꾸어 표를 아래의 그림과 같이 만들어 보겠습니다.

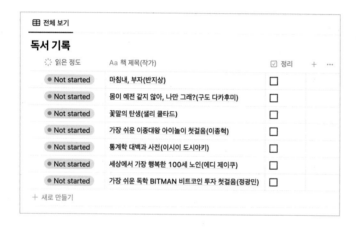

●●● 데이터베이스의 속성

노션 데이터베이스는 다양한 속성을 지원합니다. 속성을 기반으로 사용자 특성에 맞는 데이터베이스를 만들 수 있습니다. 여기에서는 [표 보기]를 기반으로 속성에 대해 알아보겠습니다. **이번 장에서 배울 속성은 [표 보기]에만 적용되는 것이 아니라, 앞으로 배울 [캘린더 보기], [갤러**

리 보기], [리스트 보기], [보드 보기], [타임라인 보기]에 모두 적용되는 내용입니다. 특히 노션 데이터베이스는 속성 하나만 만들면, 표로 보든, 갤러리, 리스트 어떤 것으로 보든지 같은 속성을 공유하기 때문에 연동성이 뛰어납니다.

텍스트

표에 일반적인 텍스트를 입력할 때 쓰는 속성으로, 가장 많이 쓰는 속성 중 하나입니다.

열 줄바꿈

열 줄바꿈 활성화 상태

열 줄바꿈 비활성화 상태

다음 줄에 텍스트를 입력하고 싶을 때는 키보드에서 Shift+Enter를 누르면 다음 줄에 텍스트를 입력할 수 있습니다. 이때 [열 줄바꿈]이 활성화되어 있어야 다음 줄에 텍스트를 입력할 수 있습니다.

데이터가 다음 줄로 이동하지 않게 고정하고 싶으면, 열 줄바꿈을 비활성화하면 됩니다.

숫자

숫자 속성은 [숫자 형식]을 변경하면 유용하게 활용할 수 있습니다.

속성 편집 창에서 변경할 수 있는 [숫자 형식]은 엑셀에서 '셀 서식'과 비슷합니다. 숫자를 원, %, 달러 등 다양한 형태로 볼 수 있습니다.

속성 편집 창의 [표시 옵션]에서 막대나 원형 형태를 클릭하면 아래 그림처럼 그림 형태로 숫자를 볼 수 있습니다. 색깔 변경도 가능하고 기준이 되는 숫자도 변경이 가능합니다. 아래는 100을 기준으로 70, 80, 100을 입력한 경우입니다.

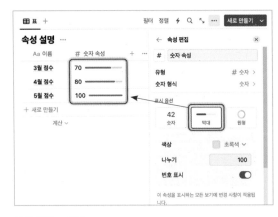

표시 옵션 – 막대

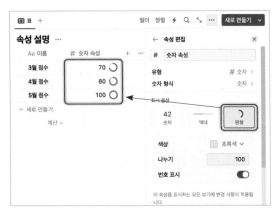

표시 옵션 – 원형

그리고 노션 데이터베이스 데이터들은 따로 수식을 입력하지 않아도 세로로 자동 계산이 가능합니다. 그중 숫자 속성은 세로로 합계, 평균 등 간단한 계산이 되어 편리합니다. 가로 계산은 Chapter 5에서 배울 [수식] 기능을 활용해야 합니다.

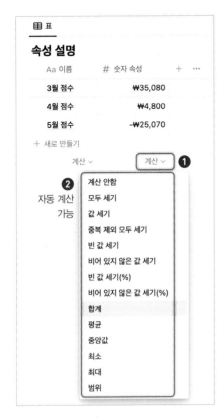

속성 아래 [계산]을 눌러 원하는 계산 방법을 클릭하면 세로로 자동 계산이 가능합니다. 이때 데이터를 변경하면 계산 결과가 자동 반영됩니다.

선택

선택 속성은 옵션을 추가하여 옵션을 선택하는 속성입니다. 파스텔 톤 기반이어서 예쁘고, 옵션을 선택하면 매번 데이터를 입력하지 않아 편리해서 많이 사용하는 속성입니다.

❶ 속성 편집 창에서 [옵션 추가]를 선택합니다.

❷ 생성할 옵션을 입력하고 Enter를 누르면 옵션이 생성됩니다.

❸ [+]를 누르면 다른 옵션도 추가할 수 있습니다.

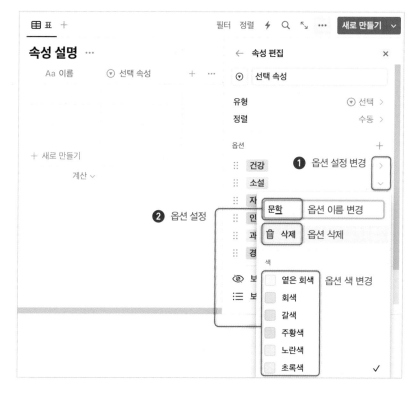

❹ 옵션 수정을 할 때는 [>]를 누르면 옵션 이름 변경, 삭제, 색 변경 등 옵션 설정을 할 수 있습니다.

선택 속성 줄의 셀을 클릭하고 원하는 옵션을 선택하여 옵션을 추가할
수 있습니다.

이모지로 예쁜 옵션 추가

다른 페이지에 '/이모지'를 입력하여 생
성한 이모지를 선택 속성 옵션 추가 시
붙여넣으면 예쁜 옵션을 추가할 수 있습
니다. 옆의 그림은 별과 책 이모지를 옵
션에 붙여넣어 추가한 경우입니다.

다중 선택

기본적인 옵션 추가, 삭제, 변경 방법은 [선택] 속성과 같습니다. 다만 [다중 선택] 속성은 옵션을 여러 개 입력할 수 있습니다. 셀을 누르고 옵션을 선택하면 옵션이 입력되고, [X]를 누르면 옵션이 제거됩니다. 입력해야 할 옵션이 여러 개인 경우, [다중 선택] 속성을 이용하도록 합니다.

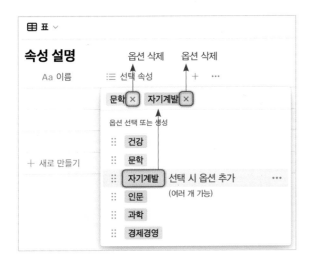

상태

[상태] 속성은 최근에 새로 생긴 속성으로 [할 일], [진행 중], [완료]로 그

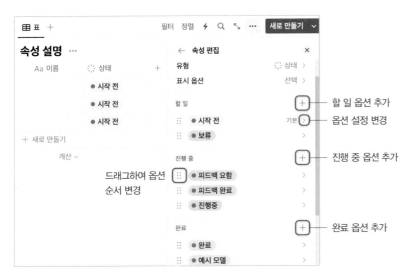

룹핑 후, 하위 옵션을 추가할 수 있습니다. 일의 진행 단계별로 그룹핑
되어 있기 때문에 프로젝트 관리를 [선택] 속성보다 효율적으로 할 수
있습니다.

[+]를 눌러 [할 일], [진행 중], [완료]의 하위 옵션을 추가할 수 있습니다.
기본적인 설정은 옵션 변경의 경우 [선택] 속성, [다중 선택] 속성과 같
습니다. [>]를 눌러 옵션의 이름, 색 등의 설정을 변경할 수 있고, ⋯ 을
드래그하여 옵션 순서를 변경할 수 있습니다.

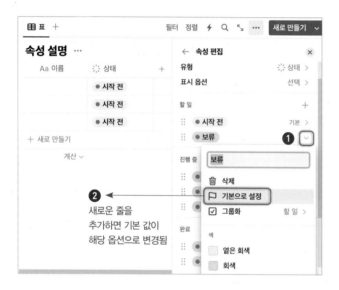

[>]를 눌러 [기본으로 설정]을 누르면 새로운 줄을 추가할 시 기본 값이
해당 옵션으로 변경됩니다. 예를 들어, 위 그림에서 현재 기본 값은 [시
작 전] 옵션으로 되어 있지만, 위와 같이 [보류] 옵션을 기본 값으로 설
정하면 새로운 줄을 추가했을 때 기본 값이 [보류]로 바뀝니다.

▶ 정민쌤의 영상 과외

노션 데이터베이스#14
선택, 다중 선택 정렬

가장 쉬운 독학 노션 첫걸음

날짜 속성

[날짜] 속성은 속성 편집 창보다 셀을 클릭하면 주요 기능들이 있습니다. 속성 아래 셀을 클릭하면 위와 같은 설정이 나옵니다. 날짜 수동 입력, 월 이동, 달력에 날짜 클릭을 통해 원하는 날짜를 선택할 수 있고, [리마인더]를 통해 알림 설정을 할 수 있습니다. [리마인더] 알람을 하면 당일, 1일 전, 2일 전, 1주일 전 중 선택한 날 오전 9시에 push 알람 설정이 됩니다.

[설정과 멤버] → [내 알림]에서 푸시 알림을 활성화 및 비활성화 설정이 가능합니다.

[리마인더] 알람은 선택지가 몇 개 없습니다. 보다 세부적으로 알람 시간을 설정하려면 [시간 포함] 활성화 후 정확한 시간을 설정합니다. [리마인더]를 클릭하면 세부적인 알람 시간을 설정할 수 있습니다.

연속되는 날짜를 입력할 경우 [종료일]을 활성화하고 시작일과 종료일을 설정하도록 합니다. 예를 들어 위의 그림처럼 10월 12일부터 10월 20일까지 연속되는 날짜를 설정할 수 있습니다.

체크박스

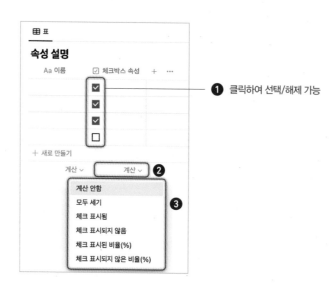

[체크박스] 속성은 [할 일 목록]의 속성 버전으로 체크박스를 클릭하여 선택/해제가 가능합니다. [숫자] 속성과 마찬가지로 [계산] 기능을 활용하면 더욱 유용합니다. 체크 표시된 개수, 체크 표시되지 않은 개수, 비율 등을 자동 계산할 수 있습니다. 체크박스를 선택/해제 할 때마다 [계산] 결과는 자동 반영됩니다.

파일과 미디어

[파일과 미디어] 속성은 표에 파일 첨부나 이미지를 추가할 수 있습니다. 추가한 뒤에는 셀을 눌러 첨부한 파일을 다운로드할 수 있고, 첨부한 그림을 클릭하면 크게 볼 수 있습니다.

URL

[URL] 속성은 인터넷 주소를 입력해 놓으면 URL 링크가 생성됩니다. 클릭하면 URL 주소로 자동 연결이 되며, 빈 공간을 클릭해 URL 주소를 편집할 수 있습니다.

이메일

[이메일] 속성에서 [@]를 누르면 입력한 주소로 이메일을 보낼 수 있으며, 빈 공간을 클릭해 이메일 주소를 편집할 수 있습니다.

전화번호

[전화번호] 속성에서 [통화]를 누르면 통화 연결이 되며, 빈 공간을 클릭
해 전화번호를 편집할 수 있습니다.

생성 일시, 최종 편집 일시

[생성 일시] 속성은 특정 줄이 생성된 시각이 자동으로 나옵니다. 주로
회의록 작성 일시, 프로젝트 시작 시간, 일기 시간 등을 기록할 때 사용
합니다. [최종 편집 일시] 속성은 특정 줄의 데이터를 최종적으로 편집
된 시각이 자동으로 나옵니다.

생성자, 최종 편집자

⊞ 표

속성 설명

Aa 이름	⚙ 생성자 속성	⚙ 최종 편집자 속성	+ ···
	🌐 알림이별	🌐 알림이별	
데이터 수정	🌐 알림이별	🔥 **열정민쌤** ❷	최종 편집자 계정 자동 변경됨
❶ 데이터 변경 시	🌐 알림이별	🌐 알림이별	
	🔥 열정민쌤	🔥 열정민쌤	
+ 새로 만들기			

[생성자] 속성은 줄을 생성한 계정 이름이 자동으로 나옵니다. [최종 편집자] 속성은 특정 줄을 최종 편집한 계정 이름이 자동으로 나옵니다. 다른 계정을 초대하는 방법은 Chapter 4에서 배우게 됩니다.

계정 이름, 사진 변경 방법

❶ 생성한 계정의 이름을 변경하려면 [설정과 멤버] 클릭 후 [내 계정]에서 [사진 업로드] 및 [선호하는 이름]을 변경해야 합니다.

❷ 위의 그림처럼 사진과 계정 이름을 변경하면, Chapter 4에서 배울 Notion 협업 시 다른 사람에게 해당 사진과 이름으로 노출됩니다.

사람 속성

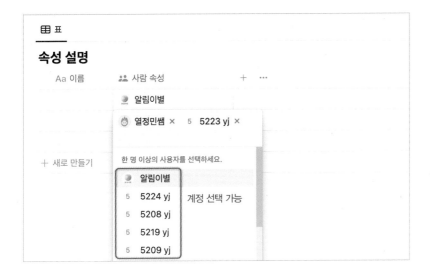

[생성자] 속성과 [최종 편집자] 속성은 계정이 자동으로 나왔지만, [사람] 속성은 계정을 직접 선택할 수 있습니다. 따라서 프로젝트 담당 관리자 설정에 유용하게 쓰이는 속성입니다.

배운 속성들을 바탕으로 다음과 같이 독서 기록 템플릿을 변경해 보겠습니다.

▦ 전체보기

독서 기록

Aa 책 제목(작가)	☑ 정리	⊙ 별점	≔ 종류	☀ 읽은 정도	🗓 읽은 날
📄 마침내, 부자(반지상)	☐	☆☆☆☆☆	경제/경영	● 📖 읽기 완료	2023년 10
몸이 예전 같지 않아, 나만 그래?(구도 다카후미)	☐	☆☆☆☆☆	건강	● 📖 읽기 완료	2023년 10
꽃말의 탄생(샐리 쿨타드)	☐	☆☆☆☆	에세이	● 📖 읽는 중	2023년 10
가장 쉬운 이종대왕 아이놀이 첫걸음(이종혁)	☐	☆☆☆☆☆	교육	● 📖 읽을 예정	
통계학 대백과 사전(이시이 도시아키)	☐	☆☆☆☆	수학/과학	● 📖 읽는 중	2023년 9
세상에서 가장 행복한 100세 노인(에디 제이쿠)	☐	☆☆☆☆☆	에세이	● 📖 읽기 완료	2023년 10
가장 쉬운 독학 BITMAN 비트코인 투자 첫걸음(정광민)	☑	☆☆☆☆☆	경제/경영	● 📖 다시 읽을 것	2023년 9

+ 새로 만들기

정민쌤의 막강 링크

독서 기록 템플릿 링크

정민쌤의 영상 과외

노션 데이터베이스#1
표 기본 속성 뽀개기

노션 데이터베이스#2
표 체크박스, 숫자 계산

노션 꿀팁!
노션과 엑셀 간의
데이터 복사&붙여넣기

노션을 더 유용하게!
Aa 제목 속성 뽀개기

◖◗◯ 꼭 알아야 하는 속성의 특징

지금까지는 노션의 다양한 속성 유형에 대해 알아보았습니다. 이제부터는 배운 속성 유형을 바탕으로 속성 숨기기, 정렬, 필터, 그룹화 등을 익혀서 맞춤형 데이터베이스를 만드는 방법들을 알아보겠습니다.

속성 숨기기, 보이기

'읽은 정도' 속성을 보이지 않게 설정하겠습니다. 숨길 속성을 클릭하고 [보기에서 숨기기]를 클릭합니다. 이는 보이지 않게 설정했을 뿐, 언제든 다시 보이게 설정할 수 있습니다. 삭제된 것이 아닙니다.

❶ 표에 마우스를 가져다 대고 ···를 클릭한 뒤 [속성]을 눌러 숨겼던 속성을 보이게 표시할 수 있습니다.

❷ [모두 숨기기]를 클릭하면 제목을 제외한 속성이 모두 숨겨지고, [모두 표시하기]를 클릭하면 숨겼던 속성들이 모두 보이게 됩니다.
특정 속성을 다시 보이게 하려면 [회색 눈]을 클릭합니다. '읽은 정도' 속성을 다시 보이게 하기 위해 [회색 눈]을 클릭하겠습니다. 특정 속성을 숨기고 싶으면 [검은색 눈]을 클릭합니다.

속성 삭제 및 복원

❶ ❶ '별점' 속성을 선택하고 ❷ [속성 삭제]를 클릭합니다. 더 이상 '별점' 속
성이 표에서 보이지 않게 됩니다.

❷ 속성 편집 창에서 ❸ [삭제한 속성]을 클릭합니다.

가장 쉬운 독학 노션 첫걸음

❸ 화살표를 누르면 속성이 복원되며, 휴지통을 누르면 속성이 영구 삭제됩니다. 화살표를 클릭해 '별점' 속성을 복원하겠습니다.

Aa 제목 속성의 특징

Aa 제목 속성은 하나의 셀의 오른쪽에 마우스를 가져다 대면 [열기]가 나옵니다. 이를 누르면 [표 보기]에서는 가로로 적혔던 속성과 내용들이 세로로 나타나며, 속성을 수정하거나 속성 안에 내용을 입력할 수 있습니다.

또한 각 페이지 내에 제목, 텍스트, 데이터베이스, 하위 페이지 등 어떠한 것이라도 입력할 수 있습니다. 즉 제목 속성은 각각의 페이지였던 것입니다.

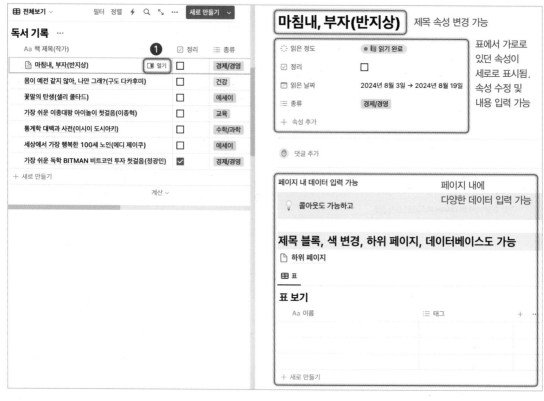

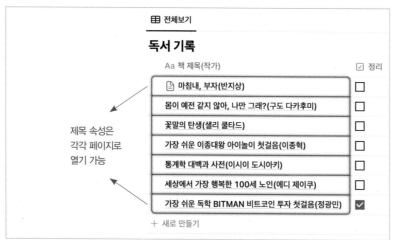

따라서 제목 속성 [열기]를 활용해 노션 데이터베이스를 더욱 유용하게 활용할 수 있습니다. 예를 들어 독서 관리 템플릿의 경우, 각 책의 요약 내용을 입력할 수 있습니다.

제목 속성에서 페이지를 열었을 때 나오는 보기 수정

제목을 클릭했을 때 나오는 페이지에서 기본 보기를 다른 방법으로 변경할 수도
있습니다.

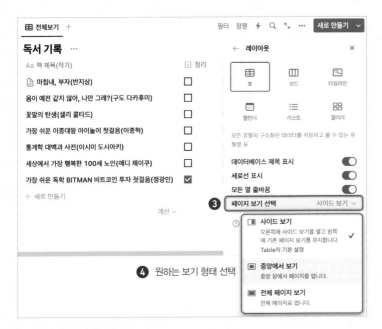

④ 원하는 보기 형태 선택

···를 클릭하고 [레이아웃]을 클릭한 뒤, [페이지 보기 선택]을 클릭합니다. 원
하는 보기 형태를 선택하면 해당 데이터베이스에서 제목 속성을 통해 페이지를
열었을 때 페이지 보기 형태가 변경됩니다.

보기 레이아웃

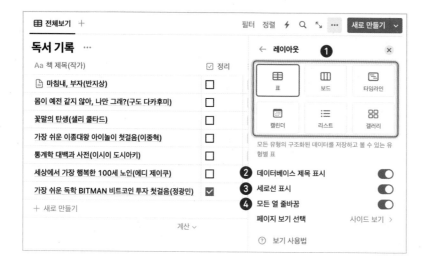

❶ …를 클릭하고 [레이아웃]을 클릭하면 [표 보기] 말고 다른 데이터베이스로 변경할 수 있습니다.

❷ 데이터베이스 제목을 보이거나 안 보이게 설정할 수 있습니다.

❸ 표의 세로선 표시 여부를 설정합니다.

❹ 줄바꿈을 전체 활성화합니다. 특정 속성만 활성화하거나 비활성화하려면 각 속성을 클릭하고 줄바꿈 설정을 변경하면 됩니다.

◐◑ 정렬, 필터, 그룹화

정렬

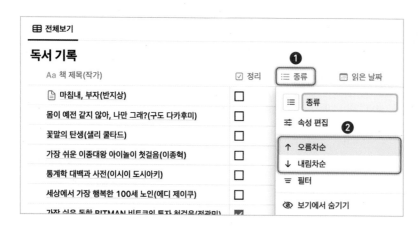

❶ 정렬하고자 하는 속성을 클릭하고 [오름차순] 혹은 [내림차순]을 클릭합니다.

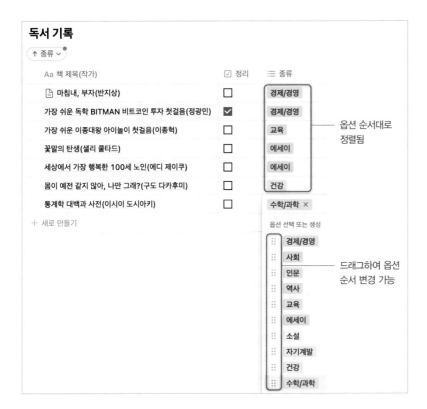

❷ [오름차순]을 클릭했더니 옵션 순서대로 정렬이 되었습니다. 만약 [내림차
순]을 클릭했다면 옵션 반대 순서로 정렬이 되었을 겁니다. ⠿ 을 드래그하
여 옵션 순서를 변경한다면, 정렬 순서도 변경됩니다.

❸ 정렬을 삭제하려면 파란색 타원을 누르고 [×]를 누르면 됩니다.

다른 속성인, '책 제목(작가)'속성을 [내림차순]으로 정렬해 보겠습니다.

가나다 순 반대로 정렬이 되었습니다. 위와 같이 옵션이 아니더라도 어떠한 속성이든지 정렬이 가능합니다. 날짜, 텍스트, 숫자 속성 어느 것이든 가능합니다.

필터

필터 처리할 속성을 누르고 [필터]를 클릭합니다. 특정 값을 입력하거나 선택하면 해당 값만 나오게 필터 처리를 할 수 있습니다.

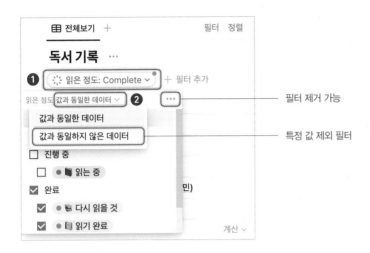

[파란 색 타원]을 클릭하고 [값과 동일한 데이터]를 클릭해 [값을 동일하지 않은 데이터]로 변경하면 특정 값만 제외하고 필터 처리가 됩니다. 필터를 제거하고 싶으면 ⋯ 를 클릭 후 [필터 제게]를 누릅니다.

그룹화

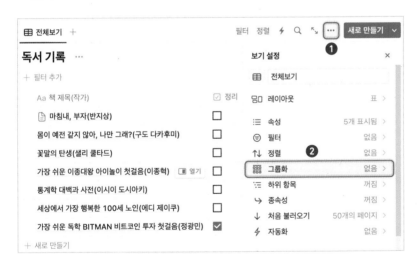

⋯ 를 클릭하고 [그룹화]를 선택하고 그룹화 기준이 될 속성을 선택합니다. 그룹화 기준으로 설정한 속성을 기준으로 그룹화가 됩니다.

••• 를 클릭하고 [그룹화]를 눌러 들어가는 그룹화 편집 창에서 세부 설

정을 변경할 수 있습니다.

❶ 그룹화 기준이 되는 속성을 변경합니다.

❷ 해당 그룹이 없으면 보이지 않게 설정합니다. 예를 들어 [소설] 그룹이 없으면 보이지 않습니다.

❸ 특정 그룹을 보이거나 안 보이게 설정할 수 있습니다. [검은색 눈]을 클릭하면 특정 그룹이 보이지 않게 설정되며 [회색 눈]으로 바뀝니다. 다시 [회색 눈]을 클릭하면 특정 그룹이 보입니다.

❹ 그룹화를 제거할 수 있습니다.

필터, 정렬, 그룹화는 앞으로 배울 [캘린더 보기], [갤러리 보기], [리스트 보기], [보드 보기], [타임라인 보기]에도 모두 적용되는 내용입니다. 예를 들어 [캘린더 보기]에서도 특정 속성만 보이게 하거나 특정 날짜만 보이게 하는 필터 처리가 가능합니다.

▶ **정민쌤의 영상 과외**

노션 데이터베이스#3
필터&정렬 뽀개기

 **Points!**

● 속성 편집창에 있는 세부 설정 꼭 확인하기!

● 선택, 다중 선택, 상태 속성은 옵션을 추가 및 변경해서 활용!

● 노션 데이터베이스는 속성 하나만 만들면 표로 보든, 갤러리, 리스트 등 어떤 것으로 보든지 같은 속성을 공유!

● 속성 숨기기, 정렬, 필터, 그룹화 등을 활용하면 맞춤형 데이터베이스로 설정 가능!

다양한 보기 형태의 노션 데이터베이스

02

앞에서 [표 보기]를 통해 노션 데이터베이스의 기초를 배워 보았습니다. 속성, 보기, 레이아웃, 정렬, 필터, 그룹화 등에 대해 익혔는데 이는 [표 보기]가 아닌 다른 데이터베이스에서도 적용됩니다. 지금부터 [표 보기]를 제외한 다른 데이터베이스를 익혀 보겠습니다.

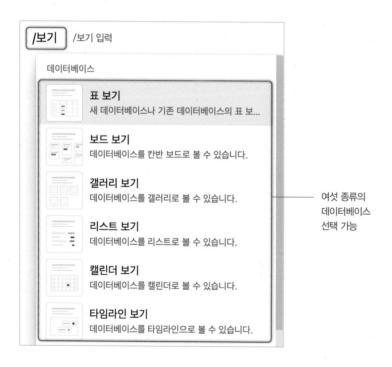

여섯 종류의
데이터베이스
선택 가능

◐● 캘린더 보기

[캘린더 보기]는 달력으로 일정 관리를 할 수 있는 보기 형태입니다.
'My Life' 메인 페이지 아래에 '/보기' 입력 후 [캘린더 보기]를 선택하고
[새 데이터베이스 생성]을 클릭해 [캘린더 보기]를 만들도록 하겠습니다.

[<]를 눌러 이전 달 이동, [>]를 눌러 다음 달로 이동할 수 있습니다. 원
하는 날짜 왼쪽 [+]를 누르면 일정을 추가할 수 있습니다. 10월 13일에
일정을 추가해 보겠습니다.

[+]를 누르면 앞의 그림과 같이 각 날짜에 맞는 하위 페이지가 생성됩니다. 새로운 페이지이기 때문에 속성을 추가하거나 수정도 가능하며, 페이지 내에 데이터를 입력할 수도 있습니다. 앞서 [날짜] 속성에서 배웠듯이, 날짜를 클릭하면 종료일 설정, 리마인더 등 [날짜] 속성 세부 내용 설정이 가능합니다. 종료일을 10월 20일까지로 설정해 보겠습니다.

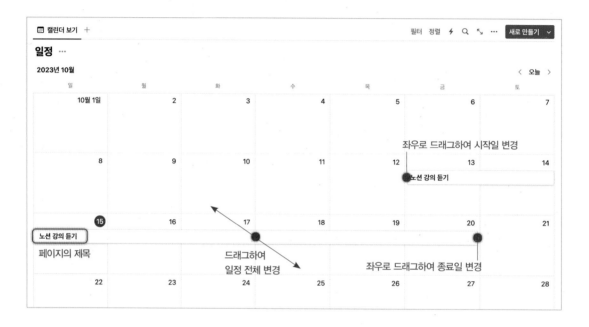

밖을 클릭하여 페이지를 나오면 일정이 설정된 것이 보입니다. 각 일정의 맨 왼쪽을 좌우로 드래그하면 시작일을 변경할 수 있고, 맨 오른쪽을 좌우로 드래그하면 종료일을 변경할 수 있습니다. 또한 카드 자체를 드래그하여 전체 일정을 변경할 수 있습니다. 위의 그림처럼 드래그하여 일정을 변경할 수도 있지만, 날짜 속성의 날짜를 변경하여 일정을 변경할 수도 있습니다. 둘 중 편한 방법을 사용하면 됩니다.

▶ 정민쌤의 영상 과외

노션 데이터베이스#5
캘린더 뽀개기

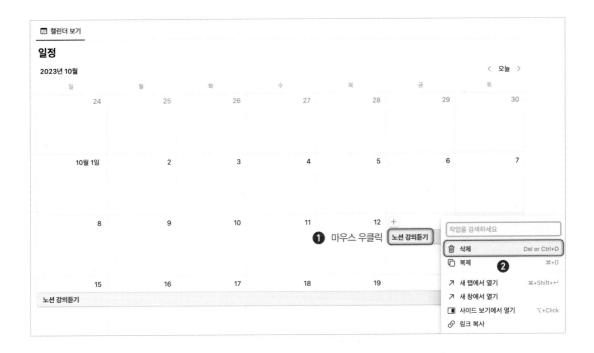

일정을 삭제하려면 추가된 일정에 마우스 우클릭 후 [삭제]를 누릅니다.

주별 캘린더로 설정하기

아래 그림과 같이 레이아웃에서 [캘린더 표시 기준]을 [주]로 설정하면 월별 일정이 아닌 주별 일정으로 볼 수 있습니다.

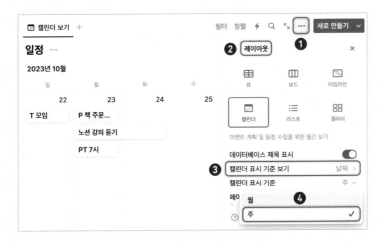

🔴⚪⚫ 갤러리 보기

[갤러리 보기]는 페이지 내 입력한 데이터나 그림을 볼 수 있는 보기 형태로, 썸네일을 기반으로 정리할 때 많이 쓰이는 보기 형태입니다. 'My Life' 메인 페이지의 '요리' 페이지에서 [갤러리 보기]를 선택하고 [새 데이터베이스 생성]을 클릭합니다.

갤러리는 페이지 내부에 입력한 데이터가 그대로 보이고, [새로 만들기]를 눌러 새로운 페이지를 추가할 수 있습니다. ⋯를 클릭하고 [삭제]를 눌러 페이지를 삭제할 수 있습니다. [페이지 1]을 클릭해 데이터를 수정해 보겠습니다.

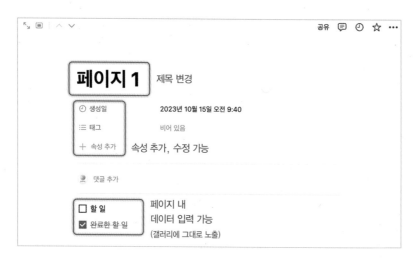

[갤러리 보기] 내 페이지는 [표 보기]에서 제목 속성의 [열기]를 클릭한 경우, [캘린더 보기]에서 [+]를 클릭하거나 일정을 클릭한 경우와 같습니다. 제목 변경, 속성 추가 및 수정, 페이지 내 데이터를 입력할 수 있습니다. 앞으로 배울 [리스트 보기], [타임라인 보기], [보드 보기]도 마찬가지입니다. 다만, 갤러리의 특성상 페이지 내 입력한 데이터가 갤러리에 그대로 노출됩니다. 이 특성을 고려해 사진을 넣어 관리하는 경우가 많습니다.

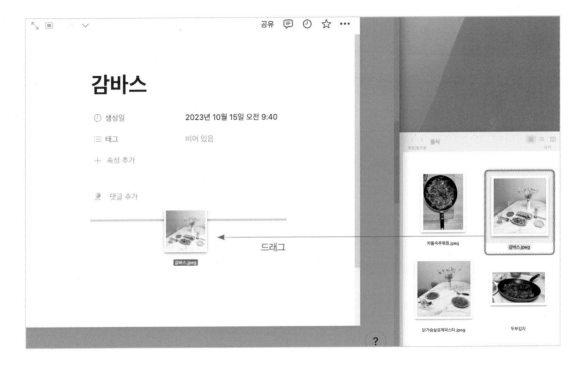

파일 첨부하듯이, 드래그하여 사진을 넣을 수 있습니다.

[갤러리 보기]의 레이아웃 설정을 이해하면 [갤러리 보기]를 더욱 풍성하게 사용할 수 있습니다.

왼쪽 그림처럼 데이터베이스 제목에도 이모지를 넣을 수 있습니다. 옵션 추가 시에는 '/'명령어를 사용할 수 없어 이모지를 입력할 수 없지만, 다른 페이지에서 '/이모지'를 입력하여 생성한 이모지를 복사하여 붙여 넣는 것이 가능합니다.

TIP

❶ ┅를 클릭하고 레이아웃을 클릭합니다.

❷ 현재는 페이지 내부 데이터 입력하는 곳에 사진을 보이게 설정했기 때문에 [페이지 콘텐츠]로 되어 있습니다. 페이지 내에 커버에 넣은 사진을 갤러리에 보이게 설정하려면 [카드 미리보기] 클릭 후 [페이지 커버]를 선택합니다.

❸ 카드 크기를 설정할 수 있습니다. [작게], [중간], [크게] 중 선택하도록 합니다.

❹ 현재 갤러리에 사진을 보면, 음식 사진이 잘린 것을 볼 수 있습니다. [이미지 맞추기]를 활성화하면 이미지를 잘리지 않게 볼 수 있습니다. 이미지 맞추기를 활성화하면 다음 그림과 같이 보입니다.

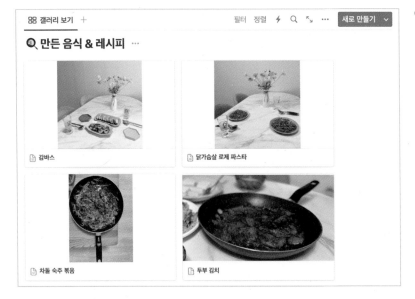

이미지 맞추기 활성화한 모습

◐◐ 보드 보기

[보드 보기]는 여러 그룹으로 범주화하여 카드를 분류할 수 있는 데이터베이스로, 해야 할 일 관리, 단계별 프로젝트 관리, 독서 카테고리별 범주화 등에 많이 쓰입니다. '/보기' 입력 후 [보드 보기]를 선택하고 [새 데이터베이스 생성]을 클릭합니다.

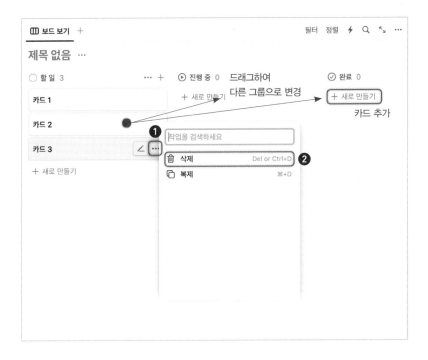

카드를 드래그하여 다른 그룹으로 변경할 수 있고, [새로 만들기]를 눌러 해당 그룹에 카드를 추가할 수 있습니다. 카드를 삭제하려면 카드에 마우스를 가져다 대고 우측 ••• 를 클릭한 뒤 [삭제]를 누릅니다.

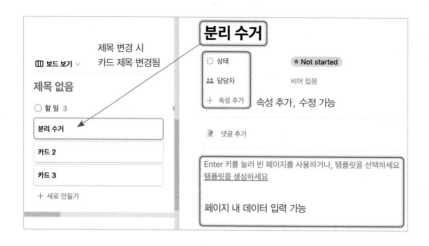

[카드 1]을 누르면 위의 그림과 같이 페이지가 열립니다. [표 보기], [갤러리 보기]처럼 제목을 변경할 수 있고, 속성 추가 및 수정이 가능합니다. 또한 페이지 내 데이터를 입력하여 추가적인 정보를 정리할 수 있습니다.

[보드 보기]도 레이아웃 설정을 이해하면 [보드 보기]를 개인 특성에 맞게 활용할 수 있습니다.

❶ ••• 를 클릭하고 레이아웃을 클릭합니다.

❷ [카드 미리보기]의 기본 설정은 [카드 사용 안함]으로 되어 있습니다. [카드

미리보기]를 선택하고 [페이지 콘텐츠]를 클릭하면 갤러리처럼 카드 내 입력한 데이터가 보이도록 설정할 수 있습니다.

❸ 카드 크기를 설정할 수 있습니다. [작게], [중간], [크게] 중 선택하도록 합니다.

❹ 현재는 할 일, 진행 중, 완료로 나뉜 '상태' 속성으로 [그룹화 기준]이 되어 있습니다. 속성을 추가하고, 다른 속성으로 [그룹화 기준]을 변경할 수 있습니다. 예를 들어 책의 카테고리를 선택 속성을 만들어 경제/경영, 소설 등을 옵션으로 추가하고, [그룹화 기준]을 변경할 수 있습니다. 즉, 속성을 추가 및 수정하고, [그룹화 기준]을 변경하여 원하는 그룹 형태로 보드를 보면 유용합니다.

❺ 140쪽의 두 그림을 보면 카드 배경에 차이가 있습니다. 아래쪽 그림은 [열 배경 색]을 활성화한 모습입니다.

▶ **정민쌤의 영상 과외**

노션 데이터베이스#8
보드 뽀개기

제목에 아이콘 삽입해서 꾸미기

노션 데이터베이스에서 카드나 제목속성을 눌러 페이지를 연 뒤, 아이콘을 추가하면 데이터베이스를 예쁘게 꾸밀 수 있습니다. [보드 보기]뿐 아니라 다른 데이터베이스도 마찬가지입니다.

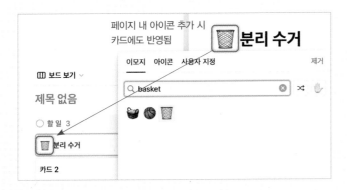

◖◗◗ 리스트 보기

[리스트 보기]는 목록을 간단하게 나타내는 보기로서 회의록, 일기장 등에 많이 쓰입니다.

'My Life' 페이지 내에 '일기' 페이지 리스트를 만들어 보겠습니다. '/보기' 입력 후 [리스트 보기]를 선택하고 [새 데이터베이스 생성]을 클릭합니다.

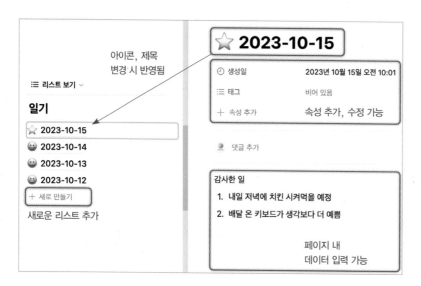

[리스트 보기]는 페이지가 공지사항처럼 리스트 형태로 나타납니다. 페이지를 클릭하여 제목 변경, 속성 추가 및 수정, 페이지 내 추가 정보 입력은 다른 데이터베이스와 같습니다.

▶ 정민쌤의 영상 과외

노션 데이터베이스#6
리스트 뽀개기

⬤◐◯ 타임라인 보기

[타임라인 보기]는 [날짜] 속성을 기반으로 하기 때문에 [캘린더 보기]와
설정이 비슷합니다. '/보기' 입력 후 [타임라인 보기]를 선택하고 [새 데
이터베이스 생성]을 클릭합니다.

❶ ··· 를 클릭하고 레이아웃을 클릭합니다.

❷ [타임라인 표시 기준]이 되는 날짜를 선택합니다. [타임라인 보기]를 만들
면 기본적으로 날짜 속성 1개가 생성됩니다. 다른 날짜 속성을 추가하여,
타임라인 표시의 기준이 되는 날짜를 변경할 수 있습니다.

❸ 좌측에 표가 보이게 활성화가 됩니다.

❹ 회색 화살표를 클릭하면 현재 창에서 보이지 않는 타임라인 일정이 보입니
다.

또한 [타임라인 보기]는 [캘린더 보기]처럼 사각형 카드 오른쪽 변과 왼
쪽 변을 드래그하여 시작일과 종료일을 변경할 수 있고, 카드 자체를
드래그하여 일정 전체를 변경할 수도 있습니다.

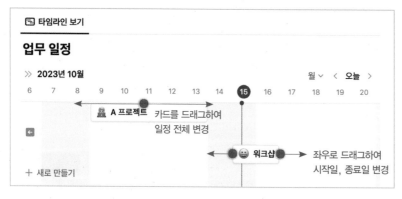

사각형 카드 오른쪽 변에 마우스를 가져다 대면 종료일을 변경하게 되지만, 위의 그림처럼 카드 오른쪽에 마우스를 가져다 댄 상태에서 동그라미를 드래그하면 다음 카드에 연결할 수 있습니다.

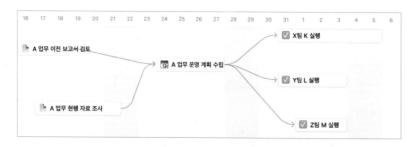

위 기능을 이용하면 바로 위의 그림처럼 일정 흐름을 순서대로 볼 수 있습니다.

정민쌤의 영상 과외

노션 데이터베이스#7
타임라인 뽀개기

◖◗● 속성을 보이게 설정하기

원하는 속성을 보이게, 원하지 않는 속성은 보이지 않게 맞춤형으로 설정 가능한 것은 노션 데이터베이스의 장점 중 하나입니다. 속성의 보기 설정을 배워, 원하는 속성만 보이게 맞춤형 데이터베이스를 만들어 보겠습니다.

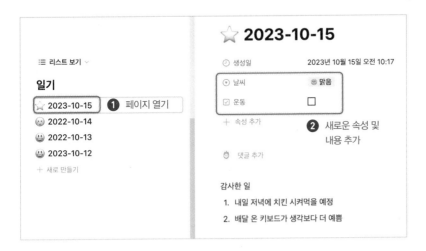

❶ 6가지 종류의 데이터베이스 중 어떤 것이든, 제목을 클릭하여 페이지를 엽니다.

❷ 새로운 속성을 추가하고 옵션을 추가하거나, 속성 내부에 내용을 입력합니다.

❸ 데이터베이스 오른쪽 위 ⋯ 를 클릭하고 [속성]을 클릭합니다.

❹ 외부에 보이고 싶은 속성의 회색 눈을 클릭하여 보이도록 활성화합니다.

속성 보이게 설정 – 리스트

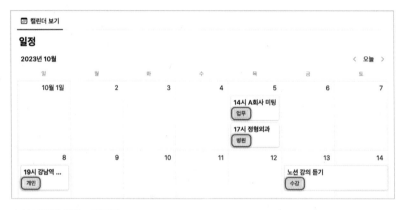

속성 보이게 설정 – 캘린더

속성을 보이도록 활성화하면 데이터베이스 외부에서 속성이 보이게 됩니다. [리스트 보기]뿐 아니라, 다른 데이터베이스도 마찬가지입니다. 속성을 추가하고, 속성을 보이게 설정하면 데이터베이스 외부에서 속성 내부에 입력한 옵션이나 내용이 보이게 설정할 수 있습니다.

◖◑◯ 보기 추가로 노션 제대로 활용하기

Chapter 1에서 노션 데이터베이스는 1개만 만들면 총 6개의 데이터베이스 보기 형태로 볼 수 있다고 하였습니다. 게다가 앞에서 배웠던 [필터], [정렬], [그룹화]를 함께 적용하면 보기별로 커스터마이징해서 매우 다양한 형태로 데이터베이스를 볼 수 있습니다.

이전에 '독서' 페이지에서 만들었던 '독서 관리 템플릿'을 수정해 보겠습니다.

보기탭 오른쪽에 [+]를 누르고, 새로운 보기의 설정을 결정합니다. 보기 이름과 레이아웃을 선택하고 [완료]를 누릅니다.

설정을 다시 변경하려면, 변경하려는 보기탭을 클릭하고 [보기 편집]을
누르면 보기 편집창이 나옵니다.

새로운 보기 설정

[경제/경영] 보기에서는 '경제/경영' 옵션만 보이게 필터 처리하겠습니
다. 그리고 속성의 위치와 너비 조절 및 '종류'와 '읽은 정도' 속성을 제외
하고 다른 속성은 보이지 않도록 설정합니다. 또한 '읽은 날짜' 속성을
누르고 오름차순으로 정렬하였습니다.

Aa 책 제목(작가) 수정하면 데이터가 즉각 반영됨	☑ 정리	☰ 종류	☀ 읽은 정도	🗓 읽은 날짜
📄 마침내, 부자(반지상)	☐	경제/경영	● 📙 읽기 완료	2024년 10월 10일 → 2024년 10월 15일
몸이 예전 같지 않아, 나만 그래?(구도 다카후미)	☐	건강	● 📙 읽기 완료	2024년 10월 4일
꽃말의 탄생(샐리 쿨타드)	☐	에세이	● 📘 읽는 중	2024년 10월 1일
가장 쉬운 이종대왕 아이놀이 첫걸음(이종혁)	☐	교육	● 📙 읽을 예정	
통계학 대백과 사전(이시이 도시아키)	☐	수학/과학	● 📘 읽는 중	2024년 9월 27일
세상에서 가장 행복한 100세 노인(에디 제이쿠)	☐	에세이	● 📙 읽기 완료	2024년 10월 6일 → 2024년 10월 8일
가장 쉬운 독학 BITMAN 비트코인 투자 첫걸음(정광민)	☑	경제/경영	● 📑 다시 읽을 것	2024년 9월 26일 → 2024년 9월 28일
＋ 새로 만들기				

[전체 보기] 보기를 클릭하면 [경제/경영] 보기에서 설정한 필터, 정렬, 속성 숨기기 설정 등이 반영되었을까요? [전체 보기] 보기를 누르면, 필터 처리도, 오름차순 정렬도 되지 않았습니다. 또한 '경제/경영' 보기에서 숨겼던 속성들도 전부 보입니다. 즉 서로 다른 보기는 필터, 정렬, 그룹화, 보기에서 숨기기 설정을 한 것이 반영되지 않습니다. 따라서 보기별로 커스터마이징하여 다른 형태의 데이터베이스를 볼 수 있습니다.

그럼 어떠한 것은 반영이 될까요?
앞의 그림에 빨간색으로 범위 지정한 셀 내의 데이터는 수정하면 변경 사항이 즉각 반영됩니다. 왜냐하면 보기 형태만 다를 뿐, 같은 데이터가 저장되어 있는 데이터베이스기 때문입니다. 예를 들어 '마침내, 부자' 도서의 '읽은 정도' 속성을 '읽는 중'으로 변경했다면, '경제/경영' 보기에서도 '읽는 중'으로 즉각 변경됩니다.

요약하자면 앞의 그림에 빨간색으로 범위 지정한 셀 내의 데이터는 수정하면 다른 보기에도 즉각 반영됩니다. 다만, …를 클릭했을 때 나오는 레이아웃, 속성(보기에서 숨기기), 필터, 정렬, 그룹화는 보기별로 다르게 설정할 수 있기 때문에, 보기별로 다양하게 설정을 하여 유용하게 활용할 수 있습니다.

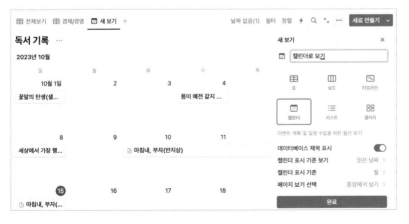

캘린더 레이아웃으로 보기

즉, 보기 레이아웃을 캘린더로 설정하여 표로 입력했던 데이터를 다른 보기에서는 캘린더로 볼 수 있습니다. [캘린더 보기]도 [날짜] 속성 기반으로 달력에 카드를 표시하기 때문에, 이전에 독서 관리 템플릿 표에 입력했던 [날짜] 속성이 [캘린더 보기]에서는 달력 속 일정으로 반영됩니다.

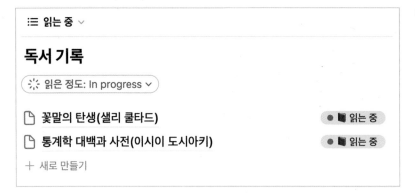

리스트 레이아웃으로 보기

위의 그림은 [리스트 보기]의 보기를 추가하고, '읽은 정도' 속성만 보이도록 설정 및 '읽는 중' 옵션만 보이도록 필터 처리한 형태입니다. 즉, 보기를 추가하여 원하는 보기 레이아웃, 정렬, 필터, 그룹화 등을 활용해 보기별로 커스터마이징하여 원하는 형태로 볼 수 있습니다.

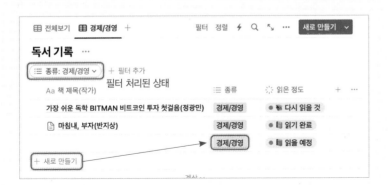

필터 처리된 보기에서 데이터베이스에서 [새로 만들기]를 클릭하면, 필터 처리한 속성은 자동 추가가 됩니다. 예를 들어 위 그림의 경우 종류 속성의 '경제/경영' 옵션만 보이도록 필터 처리를 했기 때문에, [새로 만들기]를 클릭했을 때 종류 속성의 '경제/경영' 옵션이 자동 선택됩니다.

◖◗● 데이터베이스 자동화 버튼

데이터베이스에서 매번 같은 데이터나 옵션을 선택하다 보면 시간이 많이 낭비됩니다. 이때 [버튼]의 데이터베이스 기능을 활용하면 반복적인 데이터나 옵션 선택 시간을 줄일 수 있습니다. Chapter 2에서는 버튼 기능에서 단순한 [블록 삽입] 기능만 학습하였습니다. 이번에는 버튼의 데이터베이스 기능을 통해, 클릭했을 때 독서 기록 템플릿에서 경제/경영 도서를 오늘 다 읽었다고 자동 입력되는 버튼을 만들어 보겠습니다.

버튼 생성 뒤 [단계 추가]를 클릭하고 [페이지 추가 위치]를 클릭합니다. [페이지 추가 위치]는 편집할 데이터베이스를 검색하여 입력합니다.

추가할 속성 선택

옵션 선택

버튼의 이름을 변경하고, [속성]을 클릭해 데이터베이스 내에서 추가할 속성을 선택합니다. 위 그림의 경우 다중 선택 속성을 클릭하였으므로, 속성 내 입력값으로 옵션을 선택하게 됩니다.

[다른 속성 편집]을 클릭하면 다른 속성들도 추가할 수 있습니다. 버튼을 클릭했을 때 읽은 날짜는 오늘로, 읽은 정도는 읽기 완료로 설정되도록 합니다.

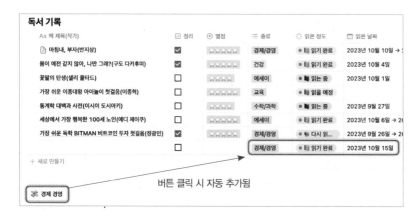

버튼 클릭 시 자동 추가됨

자동화 버튼이 완성되었습니다. [경제/경영] 버튼을 클릭하면 종류 속성은 경제/경영으로, 읽은 정도 속성은 읽기 완료로, 읽은 날짜는 오늘로 자동 설정이 됩니다. 매번 옵션을 클릭하지 않아도 되기 때문에, 편리합니다.

이번에는 조건에 따라 속성이 자동으로 변경되는 버튼을 만들어 보도록 하겠습니다.

스터디 팀원 목록

⊚ 우수 팀원	Aa 이름	☑ 과제	☑ 추가 과제	⊚ 담당
		☐	☑	A 자료 정리
		☑	☑	스터디룸 예약
		☑	☐	C 자료 정리
	지노션	☑	☑	D 자료 정리
	하노션	☐	☐	일정 관리

위 그림의 '스터디 팀원 목록' 표에서 '과제' 속성과 '추가 과제' 속성 모두 체크가 된 경우 '우수 팀원' 속성에서 별 옵션이 자동으로 부여되는 버튼을 만들어 보겠습니다.

버튼 생성 후 버튼 이름을 변경하고 [페이지 편집 위치]는 변경할 데이터베이스 제목인 '스터디 팀원 목록'으로 설정합니다. ❺ 스터디 팀원 목록의 모든 페이지 편집을 클릭하면 어떤 조건에서 데이터를 편집할지 선택할 수 있습니다.

데이터를 편집할 필터를 설정합니다. [필터 규칙 추가]를 클릭하면 여
러 조건이 충족되었을 때 데이터가 편집됩니다. 위의 그림에서는 과제
와 추가 과제 모두 선택되었을 때 데이터가 편집되도록 설정하였습니
다.

조건 설정을 완료했으니, 조건이 충족되었을 때 어떤 데이터를 편집할
지 설정하도록 합니다. [속성 편집]을 클릭하고 편집할 속성을 선택합
니다. '우수 팀원' 속성은 선택 속성이므로 위의 그림처럼 조건이 충족
되었을 때 추가될 옵션을 선택할 수 있습니다. 만약 체크박스 속성이
었다면 조건이 충족되었을 때 체크를 할지 안 할지, 날짜 속성이었다면
조건이 충족되었을 때 어떤 날짜로 선택할지 설정하게 됩니다.

버튼이 완성되었습니다. '우수 팀원' 버튼을 클릭하면 과제 속성과 추가 과제 속성에 체크박스가 선택된 경우, 우수 팀원 속성의 별 옵션이 추가됩니다.

◖◗● 속성 데이터 일괄 변경

노션이 업데이트되어, 속성의 데이터들을 일괄 변경할 수 있습니다.

체크박스 일괄 해제

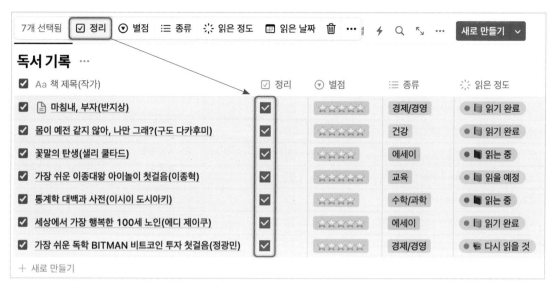

체크박스 일괄 선택

변경할 데이터 범위를 지정한 뒤, 변경할 속성을 선택합니다. 체크박스를 한 번 선택했을 때 일괄로 체크박스가 해제가 되며, 위의 그림처럼 다시 한 번 클릭했더니 일괄 선택이 되었습니다.

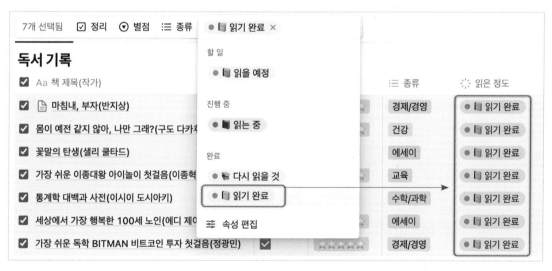

상태 속성 일괄 변경

다른 속성도 마찬가지입니다. 범위 지정 후 속성 값을 선택하면, 범위 지정한 데이터에서 선택한 속성의 값들이 일괄로 변경됩니다.

아이콘 일괄 변경

각 페이지의 아이콘도 일괄 변경할 수 있습니다. 범위 지정 후 ⋯를 클릭한 뒤 [아이콘]을 클릭합니다. 원하는 아이콘을 선택하면 위의 그림처럼 선택한 페이지의 아이콘이 일괄로 변경됩니다.

◗◖● 자동화

앞에서 봤던 '자동화 버튼'과는 다릅니다. 버튼을 만드는 게 아니라, 데이터베이스 내에서 특정 조건에서 작업을 자동으로 해 주는 기능입니다. 예를 들어 데이터베이스 내에 체크박스가 체크되면 상사에게 Slack 알람이 가게 하거나, 새로운 페이지를 추가할 수도 있습니다. 평소 데이터베이스에서 반복적으로 했던 작업을 자동화해 주는 기능을 지금부터 익혀 보겠습니다.

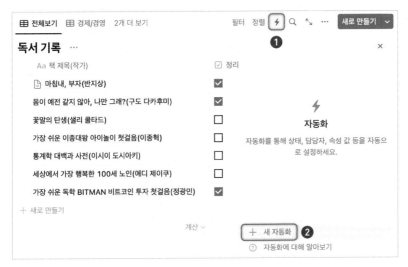

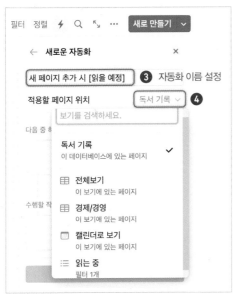

자동화 추가를 위해서는 앞의 그림처럼 데이터베이스의 우측 상단 ❶ '번개 모양'을 클릭하고 ❷ [새 자동화]를 클릭합니다. ❸ 자동화 이름을 설정하고 ❹ 적용할 페이지의 위치를 선택합니다. 미리 추가한 특정 보기에서 고를 수도 있습니다. 앞의 그림에서는 해당 데이터베이스가 있는 페이지 전체를 대상으로 자동화가 반영되도록 선택했습니다.

자동화의 이름과 적용할 페이지 위치를 선택한 뒤에는, 자동화의 [조건]과 [작업]을 선택해야 합니다.

자동화는 간단합니다. 특정 [조건]이 이루어지면, [작업]이 실행됩니다.

조건	작업
(1) 페이지가 추가될 경우 (2) 속성을 편집할 경우 (3) 특정 속성의 상황이 선택될 경우 (예를 들어 '별점'이라는 선택 속성에 서 별 5개 옵션이 선택될 경우나 체 크박스 속성에서 체크박스가 선택될 경우)	(1) 원하는 페이지 추가 (해당 데이터베이스, 다른 데이터베 이스 모두 가능) (2) 원하는 페이지 편집 (해당 데이터베이스, 다른 데이터베 이스 모두 가능) (3) 원하는 사람에게 Slack 알림 보내기 (4) 해당 데이터베이스의 속성 편집

원하는 사람에게 Slack 알림 보내기 외에 다른 자동화 작업은 무료 요금제에서는 활용이 어렵습니다. 다양한 데이터베이스 자동화를 위해서는 교육 요금제나 플러스 요금제 이상의 요금제를 활용해야 합니다.

예를 들어, [조건]을 페이지가 추가될 경우로 선택하고, [작업]은 원하는 사람에게 Slack 알림도 보내면서 다른 데이터베이스의 페이지가 편집되게도 설정할 수 있습니다.

직접 실습해 보면서 알아볼게요. **페이지를 추가할 때마다 '읽은 정도'의 속성 중 [읽을 예정] 옵션이 자동으로 나오는 자동화**를 설정하겠습니다. 먼저 페이지 생성 시 작업이 실행된다는 조건을 추가해 볼게요.

가장 쉬운 독학 노션 첫걸음

❶ [+ 조건 추가]를 클릭하면 여러 조건들이 나옵니다.

❷ [+ 페이지 추가 완료]를 선택했기 때문에 페이지가 추가되었을 때 작업이 실행될 겁니다.

다음으로 페이지가 추가되었을 때 [읽을 예정] 옵션이 나오도록 작업을 설정해 보겠습니다.

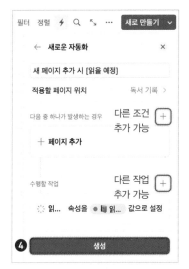

❶ [+ 작업 추가]를 클릭하고 ❷ '읽은 정도' 속성에서 ❸ [읽을 예정] 옵션을 클릭합니다. 다른 조건이나 작업도 추가할 수 있지만 생략하고 마지막으로 ❹ [생성]을 클릭하면 자동화가 만들어집니다.

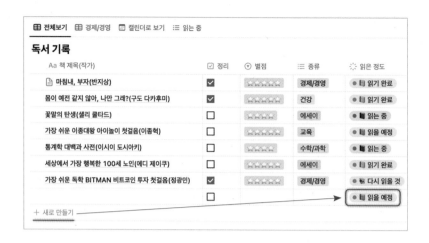

새 페이지가 추가되면 [읽을 예정] 옵션이 자동으로 추가되는 자동화가
완성되었습니다. [새로 만들기]를 클릭했더니, 설정한 대로 자동화가
잘 실행됩니다.

자동화는 같은 데이터베이스 내의 작업을 실행할 뿐 아니라, 다른 데이
터베이스도 편집할 수 있는데요, 다른 데이터베이스에 자동화를 해 보
겠습니다.

'독서 기록' 데이터베이스 말고 '인생 책 모음'이라는 다른 데이터베이스를 추가했습니다. '인생 책 모음' 데이터베이스에는 '정리 날짜' 라는 날짜 속성도 추가했습니다.

'독서 기록' 페이지에서 '별점' 속성의 [별 5개] 옵션이 설정되면, '인생 책 모음' 데이터베이스에 해당 날짜를 기록하는 페이지가 자동으로 생성되도록 하겠습니다.

다시 ❶ '번개 모양'을 클릭하고 ❷ [+ 새 자동화]를 클릭합니다.

❸ 이름을 설정하고 적용할 페이지의 위치를 현재 데이터베이스로 설정한 다음 ❹ [+ 조건 추가]를 클릭합니다. ❺ '별점' 속성에서 ❻ [별 5개] 옵션을 선택한 뒤 ❼ [완료]를 클릭하면 '별 5개 옵션이 설정되었을 때' 라는 조건이 만들어집니다.

조건을 만들었으니 이번에는 작업을 설정해 보겠습니다.

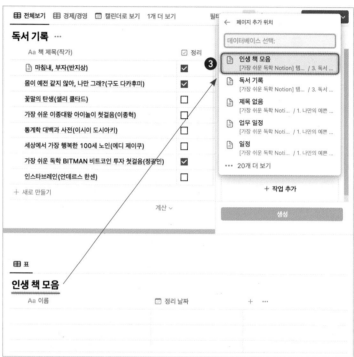

❶ [+ 작업 추가]를 클릭하고 ❷ [+ 페이지 추가 위치]를 클릭합니다. ❸ 이름을 설정하고 적용할 페이지의 위치를 다른 데이터베이스인 '인생 책 모음' 데이터베이스로 설정합니다. 조건이 충족되면 '인생 책 모음' 데이터베이스에 페이지가 추가될 겁니다.

Slack을 연결하고 위의 그림에서 [Slack 알림을 보낼 사람]을 설정하면 자동화 작업의 경우 조건이 충족될 시 Slack으로 알림을 보낼 수도 있습니다.

가장 쉬운 독학 노션 첫걸음

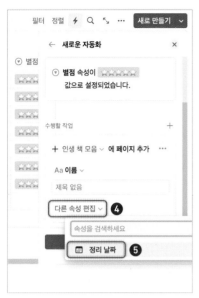

다른 조건 추가 가능

다른 작업 추가 가능

페이지가 추가되면서 '정리 날짜' 속성도 오늘 날짜로 설정해 볼게요.
❹ [다른 속성 편집]을 클릭하고 ❺ 기존에 만들어 놨던 [정리 날짜] 속성을 클릭합니다. ❻ [오늘]을 클릭하고 ❼ [생성]을 클릭하면 '페이지가 추가될 시 '정리 날짜' 속성이 오늘 날짜로 설정되는 작업'이 완성되었습니다.

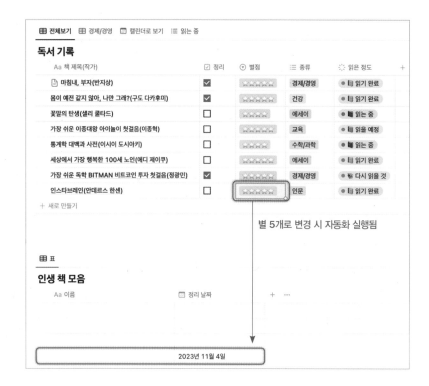

별 5개로 변경 시 자동화 실행됨

설정한 대로 [별 5개] 옵션으로 변경될 시, 자동으로 다른 데이터베이스인 '인생 책 모음' 데이터베이스에 새로운 페이지가 추가됩니다. 또한 '정리 날짜' 속성의 날짜는 자동으로 오늘로 설정됩니다.

자동화를 편집하려면 '번개 모양' 클릭 후 … 을 클릭합니다. 특정 자동화를 편집, 일시 중단, 삭제할 수 있습니다.

자동화를 활용하면 페이지가 생성되었을 때나 속성을 편집했을 때 원하는 작업이 자동으로 실행되게 할 수 있습니다. 위에서는 한 가지의 조건이나 작업을 예시로 들었지만, 여러 조건이나 작업을 설정할 수도 있습니다. 여러분만의 조건과 작업으로 항상 반복해서 클릭했던 일들을 자동화해 보시길 바랍니다.

자동화는 표뿐만 아니라 캘린더, 보드 등 모든 레이아웃에서 설정 가능합니다.

🌑🌑 열 고정

노션 데이터베이스 표를 사용하다 보면 좌우로 표가 길어지는 경우가 생깁니다. 이때 스크롤바를 드래그해서 오른쪽에 있는 데이터를 보다 보면, 맨 왼쪽의 주요 데이터들을 보지 못해 불편한 순간들이 있죠. 이를 위해 노션에도 '열 고정' 기능이 생겼습니다.

❶ 속성을 클릭하고 ❷ [열까지 고정]을 클릭하면, 좌우로 긴 표에서 스크롤바를 오른쪽으로 이동할 시 앞의 그림처럼 열이 고정됩니다. 앞의 그림에서는 맨 왼쪽에 있는 속성을 열 고정 하였지만, 다른 속성들도 열 고정 할 수 있습니다.

열 고정을 해제하려면 ❶ 열 고정 했던 속성을 클릭하고 ❷ [열 고정 해제]를 클릭합니다.

앞서 배운 [보기 추가]와 [필터] 특징을 활용해서 만든 부동산 템플릿입니다.

부동산 템플릿

지역	Aa 아파트명	# 매매	# 전세	# 평형	# 입주년도	☑ 공원	☑ 주차	☑ 역 도보	≡ 특징	≡ 거리/도.
시흥	A 아파트	4.7	3.2	25	2015	☑	☑	☑	바다 앞. 공원 가까움 상권 10분거리	K역 3km 차 10분 버스
송도	B 아파트	7.1	3.6	27	2016	☑	☑	☐	공원 가까움 새롭고 큰 상권 가까움	T역 바로 앞
안양	📄 C 아파트	6.2	3.5	25	2019	☑	☑	☑	컨디션 좀 아쉬움 동이 적지만 관리비 괜찮음	A역 700m 도보 10~1

전체 보기 특정 지역만 필터 처리
▦ 전체보기 ▦ 시흥 ▦ 송도 ▦ 안양 ▦ 역세권
부동산   원하는 특징만 필터 처리

'전체 보기' 보기에는 모든 정보가 입력되어 있습니다. '초품아(초등학교를 품은 아파트 단지)' 등 개인별로 원하는 특징이 있으면 수정하여 사용할 수 있습니다. [보기 추가]하여 '시흥' 보기에서는 시흥 지역만 보이도록, '역세권' 보기에서는 '역 도보' 속성에 체크된 아파트만 보이도록 하였습니다.

각 페이지의 [제목] 속성의 [열기]를 누르면 페이지가 나옵니다. 페이지 내에 여러 가지 데이터를 입력하여, 부동산 템플릿을 더욱 유용하게 활용할 수 있습니다.

정민쌤의 막강 링크

부동산 임장 템플릿 링크

Points!

- 속성을 추가 및 수정하고, [그룹화 기준]을 변경하여 원하는 그룹 형태로 보드를 보면 유용!
- 서로 다른 보기는 필터, 정렬, 그룹화, 보기에서 숨기기 설정을 한 것이 반영되지 않으므로 보기별로 커스터마이징하여 다른 형태의 데이터베이스 보기 가능!
- 범위 지정한 셀 내의 데이터는 수정하면 변경 사항이 즉각 반영!
- ••• 를 클릭했을 때 나오는 레이아웃, 속성(보기에서 숨기기), 필터, 정렬, 그룹화는 보기별로 다르게 설정!
- 자동화 버튼과 번개 모양 자동화를 활용하면 반복적으로 했던 작업의 시간 절약 가능!

토막 꿀팁 3 잦은 노션 업그레이드 대비하기

노션은 급속도로 성장하고 업그레이드를 자주하는 편입니다. 버그를 개선하기도 하고 새로운 기능들이 생기기도 합니다. 심지어 새로운 기능이 생겼다가 사용자의 반응이 좋지 않으면 해당 기능을 삭제하기도 할 정도로 사용자의 반응을 중요시하고 있습니다.

업그레이드가 잦다고 걱정하지 않으셔도 됩니다. 사용자가 불편을 겪을 만큼 노션의 기본 기능이 크게 달라지는 경우는 거의 없으며, 업그레이드될 때마다 노션에서 팝업 메시지로 업그레이드된 소식을 참고하라고 안내합니다. 귀찮으면 매번 참고하지 않아도 되지만, 업그레이드된 세세한 부분을 알게 되면 노션의 숨은 기능들을 바탕으로 더 유용하게 사용할 수 있을 겁니다.

노션의 최근 업그레이드 소식과, 이전 업그레이드 사항들을 참고하는 방법은 아래와 같습니다.

 Notion
https://www.notion.so › ko-kr › releases   ⋮

새로운 기능 - Notion (노션)
새로운 일반 가져오기 기능으로 텍스트, Markdown, CSV, HTML, 그 외 파일 등을 포함한 ZIP 파일을 가져올 수 있습니다. 시간대를 자동으로 내 위치에 맞게 설정 ...

 Notion
https://www.notion.so › releases   ⋮

What's New - Notion
Automate workflows in a database · Freeze database columns · Formulas 2.0 · Use AI to translate any property in your database · Little fixes = big improvements.
Follow @NotionHQ · Project Management · Integration Gallery

🖱 **정민쌤의 막강 링크**

 What's New Notion 링크

포털 사이트에 '새로운 기능 노션'을 검색하거나 'What's New Notion'을 검색하면 노션 새로운 기능(https://www.notion.so/ko-kr/releases) 홈페이지에 들어갈 수 있습니다.

위의 그림과 같이 가장 최근 업그레이드를 바로 참고할 수 있으며, 스크롤을 내리면 아래 그림과 같이 이전 업그레이드 사항도 살펴볼 수 있습니다.

Chapter 4

협업&공유 기능 익히기

01 공유하는 방법

02 협업의 꽃, 멘션과 댓글

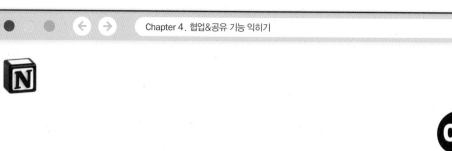

공유하는 방법

01

앞에서 노션을 '올인원 협업툴'이라고 하였습니다. 이번 장에서는 '협업 툴'로서 노션을 활용하는 방법에 대해 배워 보겠습니다.

페이지 공유

공유 기능을 활용하면 누구에게나 노션 페이지를 공유할 수 있고, 권한 설정에 따라 실시간 협업도 가능합니다. 그래서 각종 안내문이나 사용 설명서가 노션 페이지로 공유된 경우가 많습니다. 페이지 내의 데이터 를 가시성 있고 쉽게 편집할 수 있고, 공유도 매우 편리해서죠. 지금부 터 페이지 공유 기능을 배워 보겠습니다.

① 페이지 우측 상단의 [공유]를 클릭하면 왼쪽의 그림이 나옵니다.

② [게시] 탭을 클릭합니다.

③ [웹에 게시]를 클릭하면 위의 그림이 나옵니다. 웹에서 공유를 활성화했기 때문에, [웹 링크 복사]를 클릭해서 복사한 주소를 클릭하면, 해당 페이지로 들어올 수 있습니다.

왼쪽 그림에서 [게시 취소]를 클릭하면 링크 공유가 비활성화됩니다.

웹 링크 주소 맨 앞쪽에 나오는 페이지의 고유 도메인입니다. 현재는 valiant-hornet-b4a로 자동으로 설정되어 있습니다. 여러분들은 다른 도메인으로 자동 설정되어 있을 겁니다. 도메인 아래 [공개 링크의 도메인 설정]의 [설정]을 클릭하여 도메인을 원하는 것으로 변경할 수 있습니다. 웹에서 공유하는 주소의 맨 앞쪽에 나오는 도메인이 변경됩니다.

앞의 그림에서 볼 수 있는 링크의 세부 설정은 다음과 같습니다.

[편집 허용]을 활성화하면 웹 링크로 들어온 사용자가 페이지의 내용을 수정할 수 있습니다. 특별한 경우가 아니면 비활성화해 놓습니다.

[댓글 허용]을 활성화하면 웹 링크로 들어온 사용자가 페이지의 내용은 수정하지 못하지만, 댓글을 달 수 있습니다. [댓글] 기능은 뒤에서 자세히 배우도록 하겠습니다. [댓글 허용] 기능도 특별한 경우가 아니면 비활성화해 놓습니다.

[템플릿 복제 허용]을 활성화하면 웹 링크로 들어온 사용자가 페이지의 내용을 복제할 수 있습니다. 다른 사용자가 페이지의 내용을 복제한 다음에는 수정하여도 원래 페이지에는 영향을 끼치지 않습니다. 즉, 템플릿을 복제한 다음에는 마음껏 수정하여도 상관없습니다. [템플릿 복제] 방법은 〈토막 꿀팁 1, 42쪽〉에서 언급하였습니다. [템플릿 복제 허용]을 통해 여러분이 만든 템플릿을 다른 사람에게 공유해 줄 수 있습니다.

[검색 엔진 인덱싱]은 플러스 요금제 이상에서 가능한 기능으로, 활성화하면 검색 엔진에 공유한 페이지가 노출됩니다.

[링크 만료]는 링크의 만료 기한을 설정합니다. 플러스 요금제 이상에서만 가능하며 한 시간 뒤, 하루 뒤, 일주일 뒤로 설정할 수도 있고, [날짜 선택]을 클릭하고 왼쪽 페이지의 그림처럼 달력에서 날짜를 선택하면 됩니다.

즉, 웹에서 공유를 활성화하고 [웹 링크 복사]를 클릭하면, 링크만 있다면 우리가 만든 노션 페이지로 들어올 수 있습니다. 감성적인 디자인을 기반으로 예쁜 페이지를 매우 쉽게 만들 수 있고, 공유하는 방법이 매우 간단하기 때문에 기업 페이지, 개인 포트폴리오로 노션을 많이 활용합니다.

◖◗◌ 초대하기&권한 부여

게스트를 초대해서 협업하기 위해서는 노션의 권한 설정을 알아야 합니다. 노션은 4가지 권한 설정이 가능합니다.

전체 허용	전체 허용 권한으로 게스트를 초대하면 초대받은 게스트는 편집, 댓글뿐 아니라 다른 사람을 초대할 수도 있습니다.
편집 허용	편집 허용 권한을 부여하면 초대받은 게스트는 해당 페이지를 자신의 페이지처럼 편집할 수 있습니다. 다만, 다른 게스트를 초대하지는 못합니다. 협업할 때 가장 많이 사용하는 기능입니다.
댓글 허용	데이터를 수정하는 것은 불가능하지만, 댓글은 달 수 있습니다. 댓글은 뒤에서 배우도록 하겠습니다.
읽기 허용	초대받은 페이지에서 읽기 외에는 불가능합니다. 페이지 내 수정하면 안 되는 중요한 정보가 있을 때 많이 사용하는 기능입니다.

게스트를 초대하는 방법은 다음과 같습니다.

[공유]를 클릭하여 이메일을 입력하면 노션에 가입한 사용자의 경우 위의 그림과 같이 계정 이름이 나오고, 가입하지 않은 경우 계정 이름이 나오지 않습니다. 노션에 가입하지 않은 계정도 초대 이메일을 전송할 수 있고 노션에 가입할 수 있도록 이메일이 전송되니, 노션 계정이 없는 이메일을 입력하여도 괜찮습니다. 이메일에 전송할 내용을 입력하고 초대를 누르면 이메일이 전송됩니다.

초대할 계정 선택 후에 바로 위의 그림처럼 권한을 설정한 뒤 [초대]를 클릭하면 해당 권한으로 게스트가 초대됩니다.

가장 쉬운 독학 노션 첫걸음

초대한 후에도 게스트의 권한을 변경할 수 있습니다.

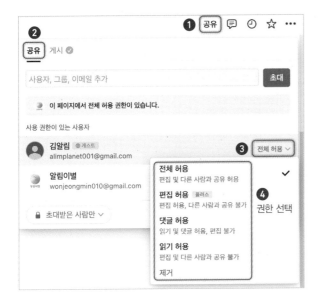

[공유]탭에서 권한을 클릭한 뒤 변경하거나 페이지에 접근하지 못하도록 권한을 제거할 수 있습니다.

협업 시 필수인 계정 이름 변경

게스트 초대 시 180쪽 그림처럼 '김알림'이라고 나오는 이유는, 노션 계정 이름이 '김알림'이기 때문입니다. 계정 이름을 변경하려면 [설정과 멤버] 클릭 → ❶ [내 계정] 클릭 → ❷ 선호하는 이름을 입력하도록 합니다. 팀 단위 작업을 할 때는 닉네임으로 설정하면 누가 누군지 모르기 때문에, 본인 이름으로 설정해 놓습니다.

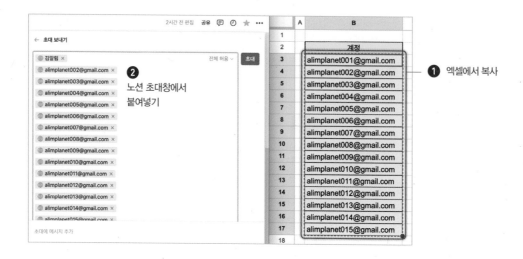

여러 계정을 초대하는 경우, 엑셀에 입력된 계정을 복사하여 노션 초대
창에 붙여 넣으면 계정이 한 번에 들어갑니다.

게스트 초대 시, 반드시 알아야 하는 권한 설정에 대해 더 자세히 알아
보겠습니다.

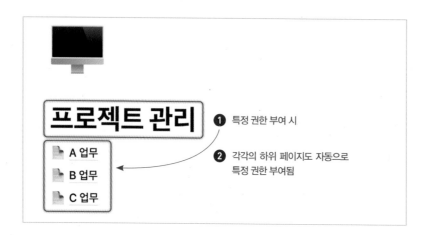

'프로젝트 관리' 메인 페이지에서 게스트에게 [편집 허용] 권한을 부여
하면, 각각의 하위 페이지에서도 [편집 허용] 권한이 자동으로 부여됩
니다. 만약 [읽기 허용] 권한을 부여한다면, 각각의 하위 페이지도 [읽
기 허용] 권한이 자동으로 부여됩니다. 즉, 상위 페이지에서 특정 권한
을 부여하면, 하위 페이지에서도 자동으로 특정 권한이 부여됩니다.

'A 업무' 페이지 공유 탭

다만 위의 그림처럼 특정 페이지에서 권한을 설정하면 각각의 하위 페이지 별로 권한을 달리할 수 있습니다. 예를 들어 '프로젝트 관리' 메인 페이지에서 게스트에게 [읽기 허용] 권한을 부여했지만, 'A업무' 하위 페이지의 권한 설정을 [편집 허용]으로 변경할 수 있습니다. 그러면 '프로젝트 관리', 'B업무', 'C업무'는 [읽기 허용] 권한이지만, 따로 설정한 'A 업무' 페이지만 [편집 허용]으로 설정할 수 있습니다.

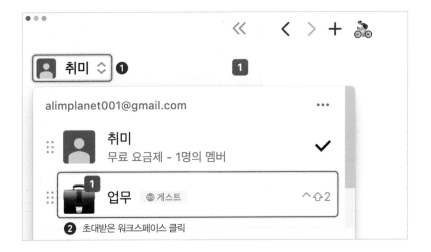

초대받은 계정으로 노션 로그인을 하면 새로운 워크스페이스에 초대가 되었다고 알람이 뜹니다. 좌측 상단 자신의 워크스페이스를 클릭하고 새로 초대받은 워크스페이스를 클릭하면 초대받은 페이지로 들어갈 수 있습니다.

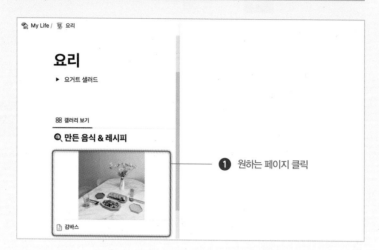

① 원하는 페이지 클릭

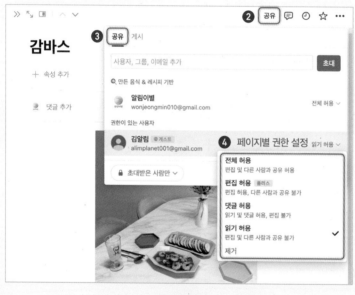

앞에서는 게스트를 초대하는 방법에 대해 알아보았습니다. 게스트의 경우 우측 상단 [공유]에서 초대할 수 있지만, 멤버는 사이드바의 [설정과 멤버] 클릭 후 아래 그림처럼 [멤버]에서 [링크 복사]나 [멤버 추가]로 추가할 수 있습니다.

멤버는 팀스페이스(팀 내 워크스페이스) 전체에 접근 권한을 갖기 때문에 팀스페이스 내에 Notion 페이지를 생성하거나 편집할 수 있으므로 팀 단위로 작업할 때 매우 편리합니다. 또한 팀원들을 팀스페이스의 페이지마다 초대하지 않아도 되므로 편리합니다. 게스트처럼 특정 페이지별로 팀원별 권한 설정이 가능합니다. 반면 게스트는 워크스페이스가 아니라, 초대된 특정 페이지에 대한 접근 권한을 갖게 되므로, 페이지마다 초대해야 하는 것이 특징입니다. 멤버의 경우 플러스, 비즈니스, 엔터프라이즈 등의 유료 요금제에서 멤버 인원별로 요금이 부과되므로 요금제를 자세히 확인해야 합니다.

교육 플러스 요금제는 플러스 요금제를 사용할 수 있는 인원은 1인으로, 멤버 추가를 할 경우 추가된 멤버까지 플러스 요금제 기능을 활용할 수 없습니다. 또한 개인 무료 요금제의 경우 멤버를 초대할 경우 블록 개수 제한이 생기므로, 개인 무료 요금제에서는 멤버를 초대하지 않는 것을 추천드립니다.

- 웹에 게시하여 페이지를 외부에 공유 가능!
- 엑셀에서 계정을 복사하면 게스트 한 번에 초대 가능!
- 페이지별 접근 권한을 편집 권한, 읽기 권한 등 중에 세부적으로 선택 가능!

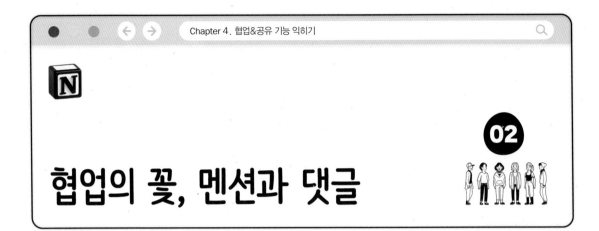

협업의 꽃, 멘션과 댓글

멘션

멘션은 게스트나 멤버에게 특정 부분을 확인하라고 안내하는 기능입니다. '@'를 입력하면 게스트나 멤버를 멘션할 수 있습니다.

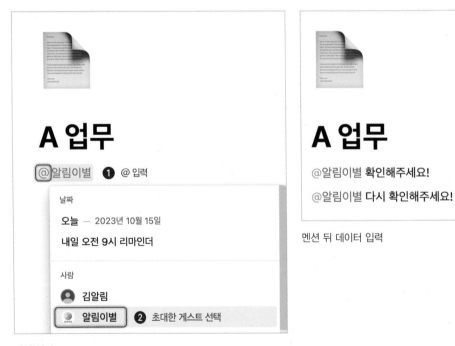

멘션 입력

A 업무

@알림이별 확인해주세요!

@알림이별 다시 확인해주세요!

멘션 뒤 데이터 입력

멘션 후에 뒤에 데이터를 입력하도록 합니다. 앞의 오른쪽 그림에 '@
알림이별'이라고 나온 이유는, '@' 입력 후 선택한 계정 이름이 '알림이
별'이기 때문입니다.

멘션된 알림이별 계정으로 로그인했더니, 좌측 ❶ [업데이트]에 빨간
알람이 생겼습니다. 이를 클릭하면 수신함이 나옵니다. [알림이별 다시
확인해주세요!]를 클릭하면 멘션된 'A 업무' 페이지의 멘션된 곳으로 이
동합니다.

❷❸은 마우스를 가까이하면 보이는 아이콘으로 ❷를 클릭하면 알림을
읽은 것으로 표시하고 ❸을 클릭하면 알림이 보관함으로 이동합니다.
보관함은 [업데이트]를 클릭했을 때 [수신함] 오른쪽, 상단 탭에 있습니
다.

●●● 댓글

[댓글] 기능은 협업 시, 특정 부분에 피드백을 해야 할 때 주로 쓰이는 기능입니다. '영어 공부' 페이지에서 [댓글 추가]를 해 보겠습니다.

댓글을 달고 싶은 부분을 드래그하여 범위를 지정하고 [댓글]을 클릭합니다. 댓글 내용을 입력하고 파란색 화살표를 누르면 댓글이 등록됩니다. 댓글을 추가하면 노란색 밑줄로 표시됩니다. 또한 파란색 화살표 왼쪽에 '@'는 앞에서 배운 멘션 기능으로, 멘션한 게스트나 멤버에게 댓글 확인 알람이 가도록 하는 기능입니다.

가장 쉬운 독학 노션 첫걸음

노란색 밑줄로 표시된 댓글을 클릭하면 댓글창이 나옵니다. [댓글 추가]를 클릭해 댓글을 추가할 수 있고, ☺ 를 클릭해 다양한 이모지를 활용해 리액션 추가할 수 있습니다. ✔ 를 클릭해 [댓글 해결]이 가능합니다. ⋯ 를 클릭하여 댓글을 수정하거나 삭제할 수 있습니다.

[댓글 허용], [편집 허용], [전체 허용] 권한을 부여받은 계정은 댓글을 입력하거나 댓글 해결을 할 수 있기 때문에, 협업 시 매우 유용합니다.

페이지의 제목에 마우스를 가져다 대고 [댓글 추가]를 클릭해 페이지 자체에 댓글을 입력할 수도 있습니다.

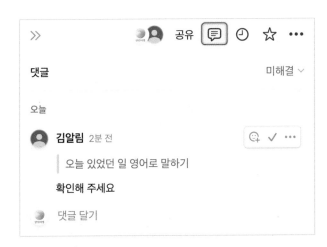

Notion 페이지 우측 상단 공유 버튼 오른쪽의 [댓글 사이드바]를 클릭하면 해당 페이지의 댓글을 모아서 한 번에 볼 수 있습니다.

[미해결] 탭을 클릭하면 미해결된 댓글만 모아 보거나 해결된 댓글만
모아 볼 수도 있어 편리합니다.

노션 포트폴리오는 디자인이 감성적이고 다른 사람들에게 링크를 공
유해도 언제든 수정할 수 있기 때문에 유용합니다. 즉, 노션 포트폴리
오는 경력이 쌓일 때마다 수정할 수 있는 인터랙티브 포트폴리오입니
다.

😀 밑줄있는 것을 클릭하면 링크 연결이 됩니다.   ▶ 링크 연결 밑줄 만드는 방법

🎓 **학력**
- A대학교 B학사 (2014 ~ 2017)
- A대학교대학원 B석사(2017~ 2019)

📖 **저서 & 학술**
- 가장 쉬운 독학 Notion(동양북스, 2022)

➕ **기타**
- 사이드 프로젝트 A 총괄

💼 **경력**
- A회사 (2017~2018)
  - C 프로젝트 디자인 총괄
  - T 업무
- B 회사 (2018~)
  - T 프로젝트 디자인 총괄
  - K 업무
- T 플랫폼 디자인 강의

🎨 **프로젝트**

⊞ 갤러리 보기

📄 C 프로젝트
A 스킬   D 스킬

📄 T 프로젝트
A 스킬   B 스킬   C 스킬

📄 사이드 프로젝트 A
C 스킬   D 스킬

➤ **정민쌤의 막강 링크**

 5. 개인 포트폴리오 템플릿 링크

Points!

- '@'를 입력해 게스트나 멤버 멘션 가능!
- [댓글] 기능은 협업 시 특정 부분에 피드백을 할 때 주로 쓰이는 기능!

노션은 모든 것이 블록 구조입니다. 블록이기 때문에 드래그해서 조립했다 해체했다 다시 조립할 수 있습니다. 심지어 각 줄마다 맨 앞에 마우스를 가져다 대면 블록 모양(⠿)이 나옵니다.

단 나누기

Chapter 2의 단 나누기에서 배웠듯이, ⠿를 드래그해서 옆에다가 붙이면 단이 나뉩니다. 범위를 지정하면 위의 그림처럼 범위 지정한 것 전체를 함께 옮길 수 있습니다.

줄 이동 시키기

각 줄의 맨 앞 ⠿를 드래그하여 줄의 위치를 바꿀 수도 있습니다.

| 페이지 단 나누기 | 페이지 안에 페이지 넣기 |

각각의 페이지도 블록입니다. 페이지도 블록이기 때문에 일반 텍스트처럼 단을 나눌 수도 해체할 수도 있으며, 페이지 내에 페이지를 넣을 수도 있고, 하위 페이지 간 이동도 가능합니다. 자세한 건 Chapter 2의 페이지 옮기기에서 다루었습니다.

데이터베이스도 하나 하나가 페이지며, 동시에 블록이기 때문에 드래그해서 빼면 하나의 페이지(블록)가 됩니다. 먼저 표의 사례입니다.

표에서 페이지 빼기

페이지를 표 안에 넣기

표에서 각 줄 하나 하나가 페이지이기 때문에, 드래그하여 빼면 앞의 그림처럼 하나 하나의 페이지가 됩니다. 페이지의 제목은 Aa 제목 속성에 입력했던 내용입니다. 페이지를 다시 드래그하여 표 안에 집어넣으면, 다시 데이터베이스 속의 내용이 됩니다.

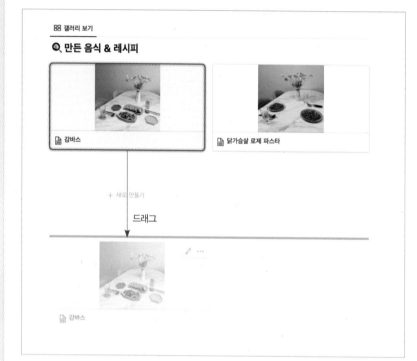

갤러리에서 페이지 빼기

페이지를 갤러리 안에 넣기

카드 기반으로 되어 있는 갤러리, 캘린더, 보드, 리스트, 타임라인도 마찬가지입니다. 각각의 카드가 페이지가 됩니다. 각각의 카드를 드래그하여 빼면 페이지가 되며, 페이지의 제목은 Aa 제목 속성에 입력했던 내용입니다. 다시 드래그하여 데이터베이스 속으로 넣으면 원래대로 돌아가게 됩니다.

노션이 블록 구조인 것을 이해하면, 데이터베이스 단 나누기도 쉽게 할 수 있습니다.

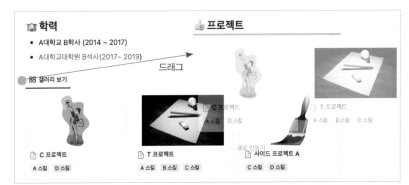

데이터베이스 단 나누기

데이터베이스 단이 나눠진 모습

데이터베이스 단을 나누려면 데이터베이스의 보기 부분 앞에 ⠿ 를 드래그해서 이미 나눠진 단 아래에 붙이면 됩니다. 위 그림은 갤러리를 옮겼지만, 표, 타임라인, 캘린더 등 어떠한 데이터베이스여도 이미 나눠진 단에 드래그하여 단을 나눌 수 있습니다.

▶ **정민쌤의 영상 과외**

 노션을 더 유용하게!
Aa 제목 속성 뽀개기

 노션 꿀팁!
더 유용하게 사용하는
6가지 꿀팁

Chapter 5

수식으로 엑셀처럼 활용하기

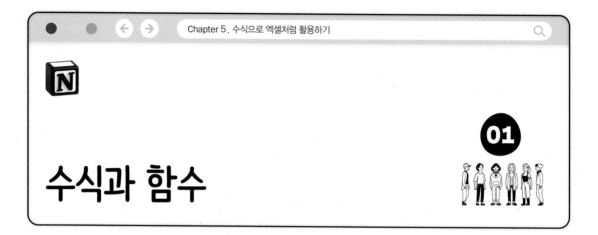

수식과 함수

01

엑셀에서 많이 쓰는 수식, 함수 기능이 노션에도 있습니다. 올인원 툴인 노션은 엑셀만큼 정교화되고 많은 양의 함수는 아니지만, 가장 많이 사용하는 '합계, if 함수' 등은 활용할 수 있기 때문에 유용합니다.

●●● 기본 수식

노션에 유용한 수식들이 많지만 가장 기본적인 것부터 배워 보겠습니다. 합계와 평균을 계산하기 위해 성적표 데이터베이스를 만들고 학생별, 단원별 점수를 기록합니다.

⊞ 표					

성적표 ❶ 수식 속성 생성

Aa 이름	# 1단원	# 2단원	# 3단원	Σ 합계	+ ...
김길동	97	95	90		
이길동	100	87	66		
최길동	80	75	70		
홍길동	95	93	95		
+ 새로 만들기					

❶ '/표'를 입력해 '표 보기'를 생성합니다. '1단원', '2단원', '3단원'이라는 숫자 속성들을 생성하고 값을 입력한 뒤, 수식 속성을 생성합니다.

❷ 수식 속성 아래 셀을 클릭하면 수식 편집창이 나옵니다.

수식 입력창의 속성을 클릭하면 '속성 이름'이 나옵니다. 예를 들어 1단원을 누르면 회색 음영처리가 된 `1단원` 이 나옵니다. 즉 데이터베이스에서 생성한 속성 데이터를 수식에 이용한다는 것입니다. 1단원 클릭후 "+"를 누르고, 2단원 클릭 후 "+"를 누른 뒤 3단원을 클릭하면 `1단원` + `2단원` + `3단원` 이라는 수식이 완성됩니다. 3단원까지 추가한 뒤 [완료]를 누르면 수식이 적용됩니다.

⊞ 표

성적표

Aa 이름	# 1단원	# 2단원	# 3단원	Σ 합계	+
김길동	97	95	90	282	
이길동	100	87	66	253	
최길동	80	75	70	225	
홍길동	95	93	95	283	

1단원, 2단원, 3단원 속성의 데이터들이 가로로 합산된 합계 수식이 적용되었습니다.

'평균'이라는 수식 속성을 생성 후 셀을 클릭하여 평균을 구하는 수식을 입력해 보겠습니다. 합계를 클릭하면 합계가 나오며 합계 속성을 이용할 수 있습니다. 총 3단원이니 합계에서 3을 나누겠습니다. 합계/3을 입력한 뒤 [완료]를 클릭하면 수식이 적용됩니다.

평균 수식 입력

노션 수식 편집창에서 사칙연산은 다음과 같습니다.

더하기	빼기	곱하기	나누기
+	−	*	/

성적표					
Aa 이름	# 1단원	# 2단원	# 3단원	Σ 합계	Σ 평균
김길동	97	95	90	282	94
이길동	100	87	66	253	84.3333333 3333333
최길동	80	75	70	225	75
홍길동	95	93	95	283	94.3333333 3333333

＋ 새로 만들기

평균 수식을 완성했으나, 소수점이 나와 보기 안 좋습니다. 반올림 함수를 활용해 변경해 보겠습니다.

◐● 반올림 함수

'평균(반올림)'이라는 수식 속성을 만든 뒤, 수식 편집 창에서 마우스 휠을 내리면 [round] 함수가 있습니다.

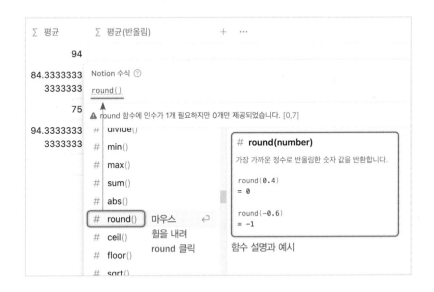

함수 설명과 예시

[round] 함수는 반올림 함수입니다. 함수에 마우스를 가져다 대면 함수 설명과 예시가 나옵니다. 직관적으로 설명이 되어 있어, 각 함수

별 특징을 알 수 있고, 예시를 통해 함수 활용 방법을 알 수 있습니다.

[round]를 클릭하면 수식 편집창에 round 함수가 입력됩니다.

round 함수는 수식 편집창의 설명처럼, 괄호 안에 숫자를 입력하면 반올림한 결괏값이 나옵니다.

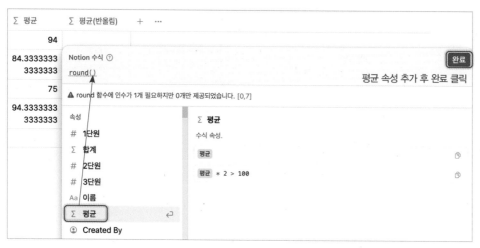

round( ) 안에 평균 속성을 넣어 보겠습니다. [round] 함수를 클릭하여 round( ) 입력 후, 평균 속성을 클릭한 뒤 괄호를 닫아 주면 평균 이라는 수식이 완성됩니다. 즉 평균 속성을 반올림한다는 뜻입니다. [완료]를 클릭하면 위의 그림과 같이 '평균(반올림)' 속성처럼 반올림이 적용된 것을 볼 수 있습니다. 다만, 소수는 없고 전부 자연수로 반올림이 됩니다.

round(평균*10)/10	소수 첫째자리까지 나타남
round(평균*100)/100	소수 둘째자리까지 나타남
round(평균*1000)/1000	소수 셋째자리까지 나타남

소수가 보이게 반올림을 원하면 위와 같이 수식을 입력하면 됩니다. 미리 수를 곱한 뒤 나누면, 소수점이 보이게 설정됩니다.

이제 사칙연산을 기반으로 한 수식과 소수점 나타내는 반올림을 배웠기 때문에 다양한 수식 계산이 가능합니다.

1. 교재를 따라했는데도 잘 안 되는 경우, 여러분 속성 이름과 교재 속성 이름이 같은지, 속성 이름에서 띄어쓰기나 붙여쓰기가 된 것을 잘못 입력하지는 않았는지 확인해 보도록 합니다.
2. 평균 속성 대신에 여러 식을 넣어 활용할 수도 있습니다.

◖◖◗ if 함수

[if] 함수는 가장 많이 쓰는 함수 중 하나로, 괄호 안에 조건, 참일 때 결과, 거짓일 때 결과를 넣어야 합니다. 아래 그림의 1번, 2번, 3번 문제를 풀어 보겠습니다.

if(조건, "참일때 결과", "거짓일때 결과")

예) 반올림한 평균이 75 일때

1번: if(반올림한 평균 ≥ 80, "Good", "Bad")

2번: if(반올림한 평균 < 80, "노력하세요", "잘했어요")

3번: if(반올림한 평균 == 75, "75점", "75점이 아님")

1번의 경우 조건은 80 이상이어야 하는데 75는 80보다 작으므로, 거짓일 때 결과인 "Bad"가 출력됩니다.

2번의 경우 조건은 80 미만이어야 하는데 75는 80 미만으로, 참일 때 결과인 "노력하세요"가 출력됩니다.

3번의 경우 조건은 75일 때이므로, 참이므로 "75점"이 출력됩니다.

앞서 만들었던 '반올림(평균)' 속성을 '반올림한 평균' 속성으로 이름을 변경하고, 아래 그림과 같이 몇 가지 속성을 추가했습니다. 그중 '대표 학생'이라는 수식 속성에 '반올림한 평균' 속성이 85점 이상이면 "대표 학생", 아니면 "X"가 출력되도록 하겠습니다.

∑ 반올림한 평균	☑ 학급임원	≡ 동아리	∑ 대표학생	+	⋯
94	☐	영화감상	대표학생		
84.33	☐	수학탐구	X		
75	☑	영화감상	X		
94.33	☑	야구	대표학생		

Notion 수식 ⑦
조건   참일 때   거짓일 때
if(반올림한 평균 >=85, "대표학생", "X")

= 대표학생

수식은 조건, 참, 거짓이 차례로 들어가 if(반올림한 평균 >=85, "대표 학생", "X")입니다.

조건을 하나 더 넣어, 수식이 85점 이상이면서 학급 임원인 학생이 대표 학생으로 출력되도록 하겠습니다. 85점 이상과 학급 임원 두 가지 조건을 모두 만족해야 하므로, [and] 함수를 활용하겠습니다. 만약 둘 중 하나의 조건만 만족하면 된다면 [or] 함수를 활용해야 합니다. 함수 별 설명은 각 함수에 마우스를 가져다 대면 알 수 있습니다.

Σ	if()	
Σ	ifs()	
☑	and()	↵
☑	or()	
☑	not()	
☑	empty()	
#	length()	

☑ **and(boolean, boolean, ...)**

부울 연산자 AND입니다.

```
and(true, true, true)
= true

and(3 > 2, 2 < 3)
= false
```

Σ 반올림한 평균	☑ 학급임원	≡ 동아리	Σ 대표학생	+ ···
94	☐	영화감상	X	
84.33	☐	수학탐구	X	
75	☑	영화감상	X	
94.33	☑	야구	대표학생	

Notion 수식 ⑦   조건   참일 때   거짓일 때

if(and(반올림한 평균 >=85, 학급임원), "대표학생", "X")

= 대표학생

수식이 길지만 '조건', '참일 때 결과', '거짓일 때 결과' 세 부분으로 나누어서 보면 간단합니다. 조건이 [and] 함수로 연결되어 있습니다. [and] 함수 안에 괄호 안에 반올림한 평균이 85점 이상이면서 학급 임원이라고 설정되어 있습니다. 따라서 앞의 그림은 대표 학생이 2명이었지만, 뒤의 그림은 대표 학생이 1명으로 바뀌었습니다.

◗◖◗ 함수의 원리 익히기

어렵게만 느껴지는 함수도 원리를 익히면 이해가 훨씬 쉽습니다. 노션 함수의 기본 원리를 익혀서 어떠한 함수도 적용할 수 있는 기본기를 쌓아 보겠습니다.

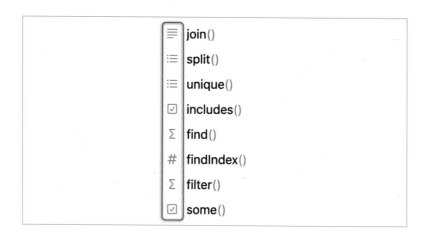

수식 편집창에서 여러 함수의 기호를 이해하면 활용이 쉽습니다.

기호	의미
≣	결과가 글자
#	결과가 숫자
☑	결과가 True나 False
▦	결과가 날짜
≔	결과가 리스트 (리스트는 다중 선택 속성의 여러 옵션들이라고 이해하면 편합니다.)
Σ	조건 등 수식에 의한 결괏값이 나옴.

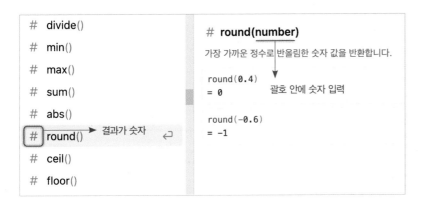

[round] 함수를 다시 살펴보겠습니다. 구문을 보면 [round] 안에 number을 입력하라고 나오므로 [round] 안에 숫자를 직접 입력하거나, 숫자 속성 혹은 결괏값이 숫자인 것을 넣어야 합니다. 즉, 숫자를 제외한 값은 넣을 수 없습니다.

좌측 탭을 보면 round( ) 왼쪽에 # 이라고 되어 있습니다. [round] 함수의 결괏값은 숫자로 나온다는 뜻입니다.

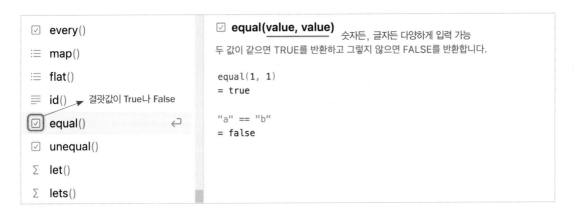

[equal] 함수를 살펴보면 괄호 안에 "value"를 넣으라고 되어 있습니다. value는 값이기 때문에 숫자든, 글자든 다양하게 입력할 수 있습니다. equal은 입력한 두 값이 같은지 판단하는 함수이기 때문에, 입력 값의 유형은 크게 중요하지 않습니다. 다만 결과가 ☑ 인 것으로 보아, 결과는 True나 False로 나오게 됩니다. True나 False로 결과가 나오면 이를 if 함수 조건 안에 넣을 수 있겠네요!

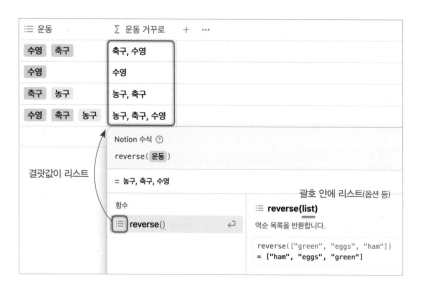

생소한 ≔ (리스트)도 살펴보겠습니다. 리스트는 값을 늘어 놓은 상태로 노션에서는 다중 선택 속성의 여러 옵션이라고 이해하면 편합니다. [reverse] 함수를 살펴보면 괄호 안에 "list"를 넣으라고 되어 있습니다. 따라서 다중 선택 속성인 "운동" 속성을 입력했고, 결과가 ≔ 기 때문에 리스트로 결과가 나옵니다. 첫 번째 줄은 옵션이 "수영, 축구" 순서였는데, 반대로 "축구, 수영" 리스트로 결과가 나왔네요.

●●● 날짜 함수

노선에서 자주 사용하는 날짜 함수 몇 가지를 알아보겠습니다.

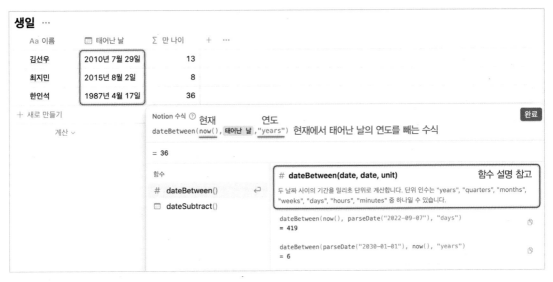

만 나이 수식

위의 그림은 나이를 구하기 위한 수식으로 [dateBetween]함수를 활용해 현재에서, 태어난 날의 연도를 빼는 수식으로 구성되어 있습니다.

함수 예시를 살펴보니 괄호 안에 date, date, unit을 넣으라고 합니다. 즉 현재 연도(📅, date)에서 태어난 날 (📅, date)를 빼야 합니다. 아래 예시를 보니 unit에 넣은 인수는 "years", "months", "weeks" 라고 나온 것으로 보아 단위를 표시하면 되는 것을 알 수 있습니다. 현재 연도에서 태어난 연도를 빼야 되니까, 단위는 "years"로 하겠습니다.
수식은 dateBetween(now( ) - 태어난 날 , "years")입니다.

잘못된 만 나이 수식

위와 유사한 함수로 [dateSubtract]가 있는데 괄호 안에 같은 수식을 입력하면 오류가 납니다. [dateSubtract] 함수의 설명을 살펴보면, 괄호 안에 날짜(date)를 입력한 다음, 숫자(num)를 입력해야 합니다. 그러나 현재 입력한 태어난 날 속성이 1, 2, 3 같은 숫자가 아닌 1987년 4월 17일 같은 날짜 속성이기 때문에, num과 형식이 맞지 않아 수식 오류가 나오는 것입니다.

다음으로는, 생일을 구하는 수식을 만들어 보겠습니다.

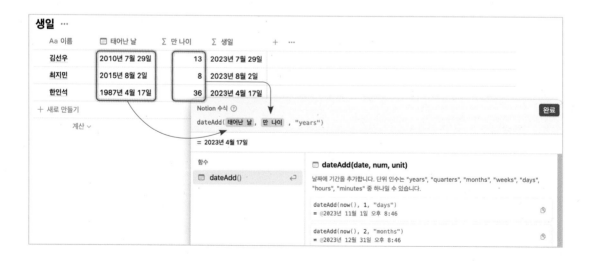

위의 그림은 생일을 구하는 수식으로, [dateAdd] 함수를 활용했습니다. 앞서 잘못된 수식에서 살펴보았던 [dateSubtract] 함수와 구성이 같습니다.

함수 설명을 살펴보니 괄호 안에 date, num, unit을 넣으라고 합니다. 즉 태어난 날(▦, date)에서 만 나이(# , num)를 빼야 합니다. 태어난 날에서 만 나이 연도만큼 더해 주면 되니, 앞서 살펴본 것처럼 unit에는 "years"를 입력하겠습니다.

수식은 dateAdd(태어난 날 , 만 나이 , "years")입니다.

다음으로는 D-day 함수를 살펴보겠습니다.

위의 그림은 D-day를 구하기 위한 수식입니다. 수식이 길고 복잡하다 보니, 보기 좋게 정리해 볼게요.

> **if(**
> 조건: **날짜 > now(),**
> 참일 때: **("D-" + format(dateBetween(날짜, now(), "days") + 1)),**
> 공통인 부분
> 거짓일 때: **("D+" + format(abs(dateBetween(날짜, now(), "days"))))**
> **)**

참일 때 결과와 거짓일 때 결과 모두 공통적으로 dateBetween(날짜, now( ),"days")가 쓰였습니다. 앞서 봤듯이 [dateBetween] 현재 날짜와 날짜 속성 사이의 차이를 계산하는 함수입니다. 이전에는 맨 뒤에 "years"가 쓰여서 연도를 계산했는데, 이번에는 "days"이기 때문에 날을 계산합니다.

format 함수는 괄호안의 값을 텍스트로 변환해 주는 함수입니다.

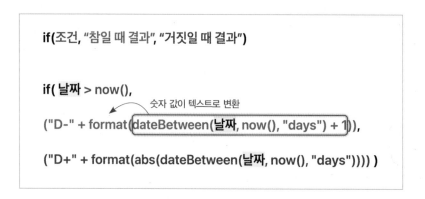

즉 "[dateBetween] 함수의 결과로 나온 숫자에 1을 더해 준 숫자 값"을 텍스트로 변환시켜 줍니다. 텍스트로 변환시킨 이유는 "D-"라는 텍스트와 합치기 위해서입니다.

아래 거짓일 때 결과는 [format] 함수 앞에 [abs] 함수가 쓰였습니다.

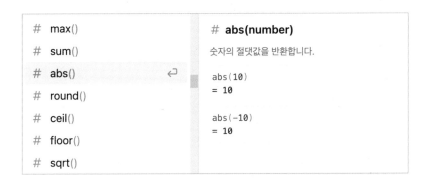

[abs] 함수는 괄호 안의 숫자를 절댓값으로 바꿔 주는 함수입니다. 만약 절댓값으로 바꿔 주지 않으면 결괏값이 'D+ - 숫자'와 같이 나타날 수 있으므로, [abs] 함수를 사용해 절댓값으로 바꿉니다.

if 함수와 날짜 함수를 조합한 계산이 어려우셨다면, 템플릿을 복제해서 수정하면서 이해하는 것을 추천드립니다.

생일, 만 나이 함수 적용된 표

⊞ 표 ⌄

생일

Aa 이름	📅 태어난 날	Σ 만 나이	Σ 올해 생일
김선우	2010년 7월 29일	13	2023년 7월 29일
최지민	2015년 8월 2일	8	2023년 8월 2일
한인석	1987년 4월 17일	36	2023년 4월 17일
+ 새로 만들기			

D-day 함수 적용된 표

⊞ 표 ⌄

D-day

Aa 이름	📅 날짜	Σ 디데이
A	2020년 8월 30일	D+1158
B	2022년 11월 4일	D+362
C	2024년 12월 16일	D-411
D	2023년 10월 22일	D+10
+ 새로 만들기		

동호회, 팀, 친구들과 노션으로 페이지를 공유해서 노션으로 협업할 때 함께 걷은 회비와 사용 내역도 모두가 볼 수 있게 정리하면 편리합니다. 사칙연산을 활용한 템플릿입니다.

위 템플릿의 사용 방법은 '남은 돈' 속성을 다음 줄의 '이전 잔액' 속성에 입력해야 합니다. 또한 '남은 돈' 속성의 수식은 이전 잔액 - 지출 + 회비 납부 입니다.

정민쌤의 막강 링크

 회비 계산 템플릿 링크

Points!

- 평균 수식을 완성했으나, 소수점이 나와 보기 안 좋을 때는 반올림 함수를 활용해 변경!
- if 함수, 날짜 함수 등을 이용하면 단순히 숫자를 이용한 연산에서 나아가 조건에 따른 결과 보기, 날짜 계산 등 다양한 기능 수행 가능!

링크된 데이터베이스

링크된 데이터베이스 만들기

링크된 데이터베이스는 같은 데이터베이스를 여러 형태로 볼 수 있을
뿐 아니라 다른 페이지에서도 같은 데이터베이스를 볼 수 있는 기능입
니다.

링크된 데이터베이스 생성 1

데이터베이스의 보기 탭 옆에 ⠿ 를 누르고 [링크 복사]를 클릭합니다.
위의 그림은 표의 링크를 복사했지만, 캘린더, 갤러리 등 어떤 데이터
베이스여도 링크 복사가 가능합니다. 링크 복사 후에 원하는 위치에 붙

여넣기(Windows는 Ctrl+V, Mac은 Command+V)를 하고, [링크된 데이터베이스 보기 생성]을 클릭하면 링크된 데이터베이스가 생성됩니다.

다른 방법도 있습니다.

링크된 데이터베이스 생성 2

'표 보기'를 생성하고 기존 데이터베이스를 연결하는 방법입니다. 데이터베이스 제목을 검색하고 데이터베이스를 선택하면 링크된 데이터베이스가 생성됩니다.

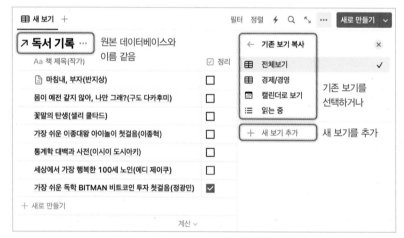

링크된 데이터베이스 보기 추가

링크된 데이터베이스 생성 후에, 기존 보기를 선택하거나 새 보기를 추가하도록 합니다. 기존 보기를 선택하면 원래 보기에서 설정했던 레이아웃, 정렬, 필터, 보기 숨기기 등을 그대로 사용할 수 있습니다. 새 보기 추가를 사용하면 모든 것들을 새롭게 설정할 수 있습니다. 저는 [전체보기를 선택하여서, 원래 보기 설정을 그대로 가져왔습니다.

링크된 데이터베이스의 특징 첫 번째는, 링크된 데이터베이스의 제목이 원본 데이터베이스와 같다는 것입니다. 그 이유는 같은 데이터베이스기 때문입니다. 다만, 링크된 데이터베이스의 제목은 앞에 화살표가 붙어 있습니다. 이는 원본에서 링크를 복사한 링크된 데이터베이스라는 뜻입니다. 화살표가 있는 제목을 누르면, 원본 데이터베이스로 이동할 수 있습니다.

링크된 데이터베이스의 특징 몇 가지를 살펴보겠습니다.

링크된 데이터베이스 데이터 변경

원본 데이터베이스의 속성 아래의 데이터를 변경하면 링크된 데이터
베이스에 즉각 반영되고, 반대도 마찬가지입니다. 왜냐하면 서로 같은
데이터베이스기 때문입니다. 만약 원본 데이터베이스에서 속성을 삭
제해도 링크된 데이터베이스에 즉각 반영될 것입니다. 그 이유는 두 데
이터베이스가 같은 이름을 가진 같은 데이터베이스기 때문입니다.

링크된 데이터베이스의 필터와 정렬

위 그림에서 링크된 데이터베이스만 필터, 정렬 처리 하였지만 원본 데
이터베이스에는 변화가 없습니다. '읽은 정도' 속성도 숨겼지만, 원본
데이터베이스에는 숨겨지지 않았습니다. 또 위의 그림에서는 나타내
지 않았지만 그룹화 처리하여도 원본 데이터베이스에는 변화가 없을
것입니다. 그 반대도 마찬가지입니다. 즉, 데이터베이스에 필터, 정렬,
그룹화, 보기에서 숨기기 처리하여도 링크된 데이터베이스와 원본 데

이터베이스끼리 서로 영향을 끼치지 않습니다. 이 점을 이용하여 같은
데이터베이스를 다양한 형태로 볼 수 있습니다.

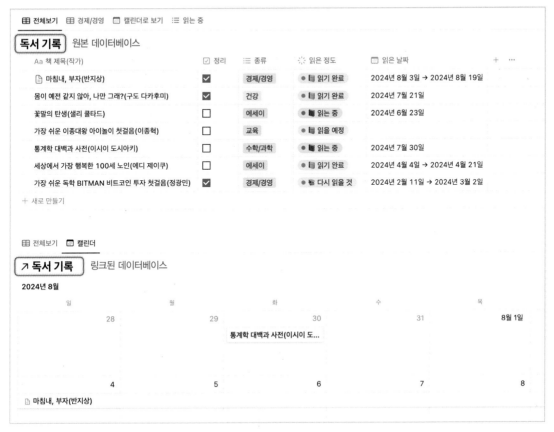

링크된 데이터베이스의 다른 레이아웃

또한 앞서 [보기 추가로 노션 제대로 활용하기]에서 배웠듯이 링크된 데
이터베이스의 보기를 추가하여 다른 레이아웃 형태로 볼 수 있습니다.

●●● 맞춤형 데이터베이스 만들기

지금까지는 학습을 위해 같은 페이지 내에 원본 데이터베이스와 링크
된 데이터베이스가 함께 있는 것만 보았습니다. 링크된 데이터베이스
가 가장 효과적일 때는, 다른 페이지에 링크된 데이터베이스를 활용하
는 경우입니다. 같은 데이터베이스를 다른 페이지에서, 해당 페이지에

필요한 형태로 보이게 할 수 있습니다.

다른 페이지의 링크된
데이터베이스

'운동' 페이지에 '독서 기록' 데이터베이스의 링크된 데이터베이스를 생성한 뒤, 레이아웃은 [리스트]로 설정하였습니다. 또한 '종류' 속성과, '읽은 정도' 속성만 보이게 설정한 뒤, 종류 속성은 '건강'도서만 보이도록 필터 처리 하였습니다. 이렇게 다른 페이지에서 원하는 레이아웃, 원하는 필터, 정렬, 그룹화, 보기에서 숨기기 등을 활용해 필요한 정보만 보이도록 설정할 수도 있습니다.

링크된 데이터베이스를 활용하면, 달력에 입력한 내용을 대쉬보드에서 한 눈에 보기에 좋습니다. 예를 들어 [캘린더 보기]로 만들어진 일정을 링크된 데이터베이스로 연결해, 리스트 보기로 간단하게 볼 수 있습니다. 지금부터 실습을 해 보겠습니다.

리스트 보기 생성

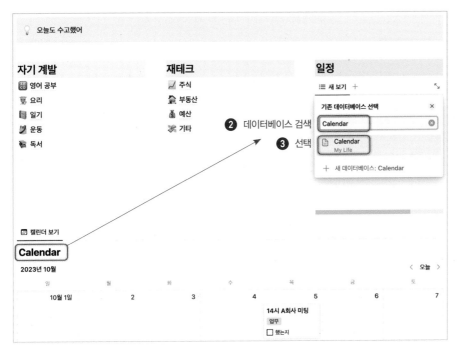

기존 데이터베이스
선택

먼저 리스트 보기를 생성한 뒤 기존의 데이터베이스를 검색해 링크
된 데이터베이스를 만듭니다. 위 예시에서는 메인 페이지에 있는
'Calendar'라는 [캘린더 보기]를 선택했습니다. 위 그림은 같은 페이지
의 데이터베이스를 가져왔지만, 앞서 배운 것처럼 같은 페이지가 아닌
데이터베이스도 링크된데이터베이스로 가져올 수 있습니다.

새 보기 추가

보기를 추가한 뒤, 보기 이름을 설정하고 레이아웃은 [리스트]로 설정합니다.

리스트 선택

필터 설정을 하지 않으면, [캘린더 보기]에 입력했던 모든 페이지가 전부 표시되므로, 오늘 날짜만 보이게 필터 선택을 하겠습니다.

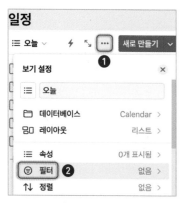

필터 선택 1

필터 선택 2

'오늘'로 필터 선택

… 를 클릭하고 [필터]를 클릭한 뒤, [날짜] 속성을 클릭합니다. [이번 주]를 클릭해 [일]로 바꾸면, '오늘' 날짜의 데이터만 보이게 필터링됩니다.

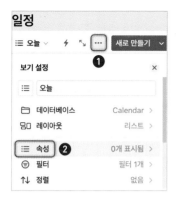
속성 선택

체크박스 속성 보이게 설정

체크박스 속성 보이게 하기

기존에 다른 속성을 추가했었더라면, 특정 속성을 보이게 설정할 수 있습니다. 위 예시의 경우 '했는지'라는 '체크박스 속성'을 추가한 상태입니다. 체크박스가 보이는 리스트를 설정해 보겠습니다. ⋯ 를 클릭하고 [속성]을 클릭하고 체크박스 속성의 회색 눈 표시를 클릭하면 위의 맨 오른쪽 그림처럼 검은색 눈으로 바뀝니다. 검은색 눈이 되면 속성이 보이게 설정되었다는 뜻입니다.

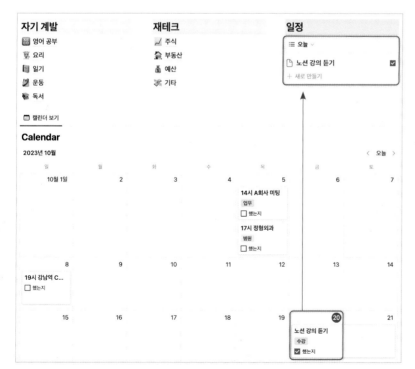
캘린더를 리스트로 보기

오늘 날짜의 데이터만 필터링되고, 지정한 속성(체크박스 속성)만 보이도록 설정한 링크된데이터베이스가 완성되었습니다. 두 데이터베이스는 같은 데이터베이스지만 [캘린더 보기]로도, [리스트 보기]로도 볼 수 있고, 속성 및 필터 처리하여 원하는 형태로 보이도록 설정할 수 있습니다.

정민쌤의 영상 과외

노션을 더 유용하게!
링크된 데이터베이스

Points!

- 원본 데이터베이스의 속성 아래 데이터를 변경하면 링크된 데이터베이스에도 즉각 반영!
- 링크된 데이터베이스를 활용하면 같은 데이터베이스를 다른 페이지에서도 원하는 형태로 보이게 할 수 있다!

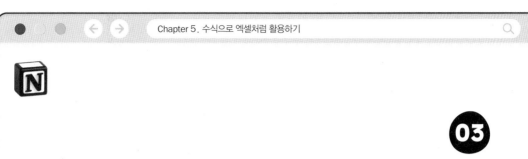

관계형 속성과 롤업

관계형 속성

관계형 속성은 서로 다른 데이터베이스를 연결하며, 롤업은 관계형 속성으로 연결한 것을 바탕으로 다른 데이터베이스의 속성의 데이터까지 가져오는 기능입니다. 지금부터 실습해 보겠습니다.

먼저 다음 그림과 같이 '회사별 포트폴리오', '국내 주식' 2개의 데이터베이스를 생성합니다.

'국내 주식' 데이터베이스의 '산 금액' 수식은 주가 * 개수 로, '주가' 속성
과 '개수' 속성의 곱이 나타나게 했습니다.

관계형 속성 추가

'회사별 포트폴리오' 데이터베이스와 '국내 주식' 데이터베이스를 연결
하기 위해 '회사별 포트폴리오' 데이터베이스에 관계형 속성을 추가하
겠습니다.

연결할 데이터베이스 선택

앞의 그림과 같이 연결할 데이터베이스를 선택해야 합니다. 만약 아래 목록에 연결할 데이터베이스가 나오지 않으면 검색하도록 합니다. 저는 '국내 주식' 데이터베이스를 선택해 연결하도록 하겠습니다.

관계형 속성 편집창

❶ '회사별 포트폴리오' 데이터베이스에 '국내 주식' 데이터베이스를 연결했을 때 생성되는 속성 이름입니다.

❷ 연결한 데이터베이스 제목이 나옵니다. 현재 '회사별 포트폴리오' 데이터베이스에서 '국내 주식' 데이터베이스와 연결을 시도했으므로 '국내 주식'이라고 나옵니다.

❸ 활성화를 하면 '국내 주식' 데이터베이스에서도 '회사별 포트폴리오' 데이터베이스의 데이터를 가져올 수 있습니다. 비활성화하면 '국내 주식' 데이터베이스에서는 '회사별 포트폴리오' 데이터베이스의 데이터를 가져올 수 없습니다.

❹ '국내 주식' 데이터베이스에서도 '회사별 포트폴리오' 데이터베이스의 데이터를 가져오도록 활성화했기 때문에, '회사별 포트폴리오'의 데이터를 가져오는 속성의 이름을 정해야 합니다.

❺ [관계형 추가]를 누르면 서로 다른 두 데이터베이스가 연결됩니다.

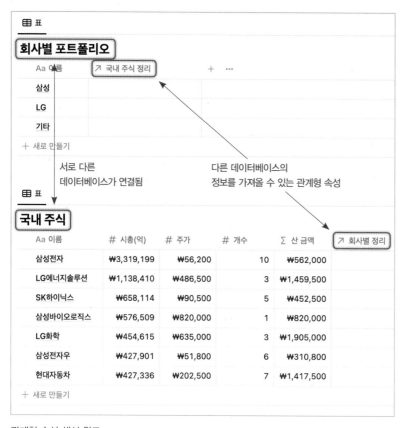

표

회사별 포트폴리오

Aa 이름	↗ 국내 주식 정리	+ ···
삼성		
LG		
기타		

+ 새로 만들기

서로 다른 데이터베이스가 연결됨

다른 데이터베이스의 정보를 가져올 수 있는 관계형 속성

표

국내 주식

Aa 이름	# 시총(억)	# 주가	# 개수	Σ 산 금액	↗ 회사별 정리
삼성전자	₩3,319,199	₩56,200	10	₩562,000	
LG에너지솔루션	₩1,138,410	₩486,500	3	₩1,459,500	
SK하이닉스	₩658,114	₩90,500	5	₩452,500	
삼성바이오로직스	₩576,509	₩820,000	1	₩820,000	
LG화학	₩454,615	₩635,000	3	₩1,905,000	
삼성전자우	₩427,901	₩51,800	6	₩310,800	
현대자동차	₩427,336	₩202,500	7	₩1,417,500	

+ 새로 만들기

관계형 속성 생성 완료

위의 그림과 같이 서로 다른 데이터베이스가 연결이 되었습니다. 그 증거로, 각 데이터베이스에 '국내 주식 정리', '회사별 정리' 라는 관계형 속성이 생성되었습니다. '국내 주식 정리'는 '회사별 포트폴리오' 데이터베이스에서 '국내 주식' 데이터베이스의 데이터를 가져올 때 사용하는 관계형 속성이고, '회사별 정리'는 '국내 주식' 데이터베이스에서 '회사별 포트폴리오' 데이터베이스의 데이터를 가져올 때 사용하는 관계형 속성입니다. 속성 이름이 '국내 주식 정리'인 이유는 227쪽 그림의 ❶번 때문이고, '회사별 정리'인 이유는 ❹번 때문입니다.

서로 다른 두 데이터베이스 간의 연결을 완료했으니, 데이터를 가져오도록 하겠습니다.

다른 데이터베이스 데이터 추가

국내 주식
데이터베이스의
정보

2개 이상 데이터 추가

'회사별 포트폴리오'의 관계형 속성인 '국내 주식 정리' 아래에 셀을 눌러 '국내 주식' 데이터베이스의 정보를 가져올 수 있습니다. 즉, 관계형 속성으로 연결했기 때문에 '회사별 포트폴리오'에서 다른 데이터베이스인 '국내 주식' 데이터베이스의 데이터를 가져올 수 있는 겁니다. 'LG에너지솔루션', '삼성전자' 등은 228쪽의 그림을 보면 '국내 주식' 데이터베이스의 데이터임을 알 수 있습니다. [+]를 누르면 다른 데이터베이스의 데이터를 가져오게 됩니다. 위의 그림과 같이 2개 이상의 데이터를 가져올 수도 있습니다. '회사별 포트폴리오'의 '삼성' 줄에 삼성과 관련된 주식들을 추가해 보겠습니다. 삼성과 관련된 주식은 다른 데이터베이스인 '국내 주식'에서 가져온 데이터입니다.

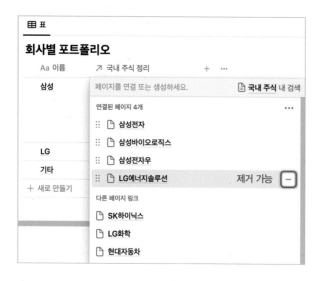

–를 누르면 연결된 데이터를 삭제할 수 있습니다.

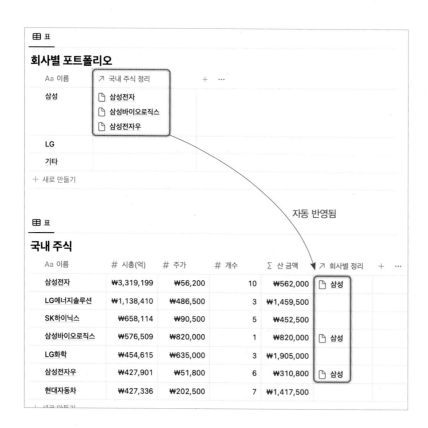

가장 쉬운 독학 노션 첫걸음

앞선 그림들에서는 '회사별 포트폴리오' 데이터베이스에서 '국내 주식' 데이터베이스의 데이터를 가져왔습니다. 그런데 바로 앞의 그림을 보면 수정하지 않은 '국내 주식' 데이터베이스의 '회사별 정리' 관계형 속성에서는 자동으로 '삼성'이라고 나와 있습니다. '회사별 포트폴리오' 데이터베이스에서 관계형 속성을 연결했기 때문에 자동으로 '국내 주식' 데이터베이스에서도 연결된 것이 반영이 됩니다.

田 표

국내 주식

Aa 이름	# 시총(억)	# 주가	# 개수	Σ 산 금액	↗ 회사별 정리
삼성전자	₩3,319,199	₩56,200	10	₩562,000	📄 삼성
LG에너지솔루션	₩1,138,410	₩486,500	3	₩1,459,500	
SK하이닉스	₩658,114	₩90,500	5	₩452,500	
삼성바이오로직스	₩576,509	₩820,000	1	₩820,000	
LG화학	₩454,615	₩635,000	3	₩1,905,000	
삼성전자우	₩427,901	₩51,800	6	₩310,800	
현대자동차	₩427,336	₩202,500	7	₩1,417,500	

페이지를 연결 또는 생성하세요. 📄 **회사별 포트폴리오** 내 검색 ❶

페이지 링크 ···

📄 삼성   회사별 포트폴리오
📄 LG   데이터베이스의 정보 ❷ ⊞
📄 기타

+ 새로 만들기

이번에는 반대로 '국내 주식' 데이터베이스에서 '회사별 포트폴리오' 데이터베이스의 데이터를 가져오겠습니다. 'LG에너지솔루션'의 '회사별 정리' 관계형 속성 셀을 누르면 '삼성', 'LG', '기타' 중 선택할 수 있습니다. '삼성', 'LG', '기타' 모두 앞의 그림을 보면 '회사별 포트폴리오' 데이터베이스의 데이터임을 알 수 있습니다. 'LG에너지솔루션'은 'LG'로 추가하고 나머지 주식들에서도 '회사별 포트폴리오' 데이터베이스의 데이터를 가져오도록 하겠습니다.

'국내 주식' 데이터베이스에서 정보를 수정했는데, '회사별 포트폴리오'
에서도 'LG', '기타' 회사의 주식들이 추가된 것이 보입니다. 또한 연결
된 데이터들의 특징을 자세히 보겠습니다.

파란색을 보면, '회사별 포트폴리오'의 관계형 속성에서 가져온 '삼성전
자', '삼성바이오로직스' 등의 데이터는 다름이 아니라 '국내 주식' 데이
터베이스의 Aa 제목 속성임을 알 수 있습니다.

우측 하단 빨간색 부분의 '국내 주식' 데이터베이스의 관계형 속성의 '삼
성', 'LG', '기타'도 '회사별 포트폴리오' 데이터베이스의 Aa 제목 속성임
을 알 수 있습니다.

즉, 관계형 속성을 활용해 다른 데이터베이스의 데이터를 가져올 수는

있으나, Aa 제목 속성만 가져올 수 있습니다. Aa 제목 속성 말고 '주가',
'산 금액' 등의 속성은 가져오지 못할까요? 가져올 수 있습니다. 다만,
관계형 속성으로 연결을 한 상태에서 롤업 속성을 활용해야 합니다.

◖◗◯ 롤업

롤업 속성을 사용하면 Aa 제목 속성뿐 아니라 다른 속성들도 가져올
수 있습니다. 다만, 관계형 속성으로 서로 다른 데이터베이스가 연결된
상태에서만 롤업 속성을 사용할 수 있습니다.

'회사별 포트폴리오' 데이터베이스에서 [롤업]을 누릅니다. 그러면 위의
오른쪽 그림과 같은 속성 편집창이 나옵니다. 먼저 연결할 관계형을 선
택해야 합니다. 즉, 롤업은 관계형 속성으로 연결되어 있어야만 사용할
수 있습니다. '국내 주식 정리'를 누르는 이유는, 위의 왼쪽 그림에 보면
관계형 속성 이름이 '국내 주식 정리'이기 때문입니다. '국내 주식 정리'
는 '회사별 포트폴리오'에서 '국내 주식' 데이터베이스의 데이터를 가져
오기 위해 생성한 관계형 속성 이름입니다.

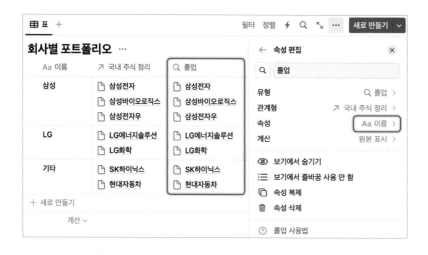

연결을 하면 위의 그림과 같이 '국내 주식 정리' 관계형 속성과 마찬가지로 Aa 제목 속성을 가져옵니다. Aa 제목 속성을 두 개나 가져오면 큰 의미가 없습니다. 다른 속성을 가져오도록 하겠습니다.

속성 편집창의 [속성] 탭에서 Aa 제목 속성을 누르면 여러 속성들이 나오는데, 232쪽의 그림에서 확인해 보면 '국내 주식' 데이터베이스의 여러 속성입니다. 원하는 속성을 선택하면 해당 속성을 가져올 수 있습니다. '산 금액' 속성을 선택하겠습니다.

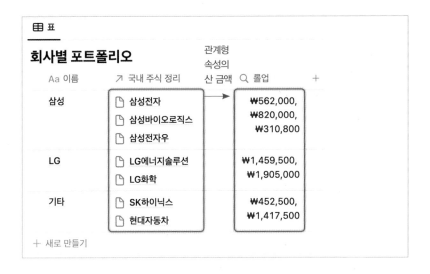

관계형 속성 '국내 주식 정리'에서 가져온 주식들의 각각 산 금액이 일대
일 대응되어 나오게 됩니다. 실제로 232쪽의 그림을 보면 '삼성전자'가
₩562,000이 맞습니다. 즉 롤업을 사용하면 다른 데이터베이스의 Aa
제목 속성뿐 아니라, 다른 속성들도 가져올 수 있습니다. 이때 속성의
값들은 관계형 속성으로 연결했던 각각의 값들에 대응되는 값입니다.

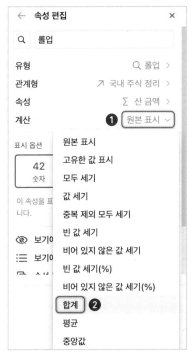

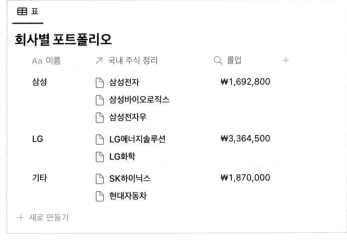

롤업은 다른 데이터베이스의 속성을 가져올 뿐 아니라, [계산] 기능도
지원합니다. 특히 롤업으로 가져온 '산 금액' 속성은 숫자 기반이기 때
문에 합계, 평균 등의 계산이 가능합니다. 바로 앞의 왼쪽 그림과 같이
[합계]를 누르면 오른쪽 그림처럼 산 금액들의 합계가 나옵니다. 삼성
의 ₩1,629,800은 '삼성전자', '삼성바이오로직스', '삼성전자우'의 산 금
액의 합계입니다.

田 표				
회사별 포트폴리오				
Aa 이름	↗ 국내 주식 정리	Q 산 금액 합계	Q 시가 총액	+
삼성	📄 삼성전자 📄 삼성바이오로직스 📄 삼성전자우	₩1,692,800	₩3,319,199, ₩576,509, ₩427,901	
LG	📄 LG에너지솔루션 📄 LG화학	₩3,364,500	₩1,138,410, ₩454,615	
기타	📄 SK하이닉스 📄 현대자동차	₩1,870,000	₩658,114, ₩427,336	
+ 새로 만들기				

롤업 속성의 이름을 바꾸고, '시가 총액' 속성을 가져와서 위의 그림과
같이 정리하였습니다.

요약하자면 관계형 속성은 서로 다른 데이터베이스를 연결해 주며, 연
결 지은 다른 데이터베이스의 Aa 제목 속성을 가져올 수 있습니다. 관
계형 속성으로 서로 다른 데이터베이스를 연결 지은 다음, 롤업을 활용
하면 다른 데이터베이스의 여러 속성들을 가져올 수 있습니다.

업무를 정리하거나 계획을 실행하다 보면, 진행 상황을 파악해야 할 경
우가 많습니다. 다음으로는, 앞서 배운 관계형 속성과 롤업을 활용해
세부 목표를 완료할 때마다 장기 계획의 진행 상황이 자동으로 변환되
는 표를 만들어 보겠습니다.

장기 계획	세부 목표	
A 업무 성공적 완료	1. 레퍼런스 찾기 3. 계획안 작성 5. 결과보고서 작성	2. 전 담당자께 질문 4. 직접 실행 및 매번 후기 쓰기
P 나라 여행	1. 항공권 예약 3. 숙소 예약 5. 쇼핑리스트 제작	2. 보험 가입 4. 옷 구매 6. 여행용 캐리어 구매

장기 계획에 따른 세부 목표들은 위 표와 같습니다.

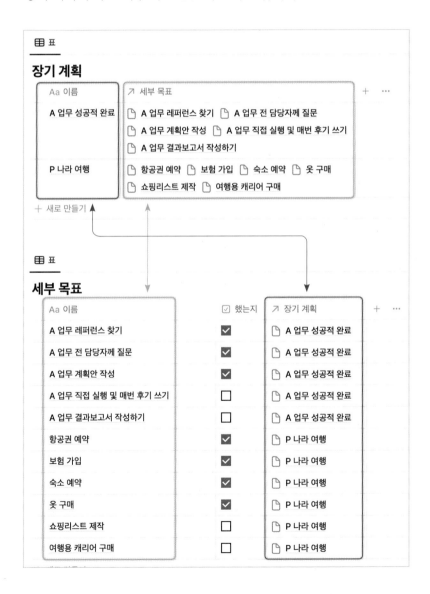

표의 내용을 '장기 계획' 표와 '세부 목표' 라는 각각 다른 2개의 데이터
베이스로 만들었습니다. 그리고 두 데이터베이스를 '관계형'으로 연결
한 뒤, 앞의 그림처럼 서로 매칭이 되도록 관계형 속성을 추가하였습니
다. '세부 목표' 표에는 체크박스 속성을 추가하여 각각의 세부 목표를
실행했는지 체크하도록 하였습니다.

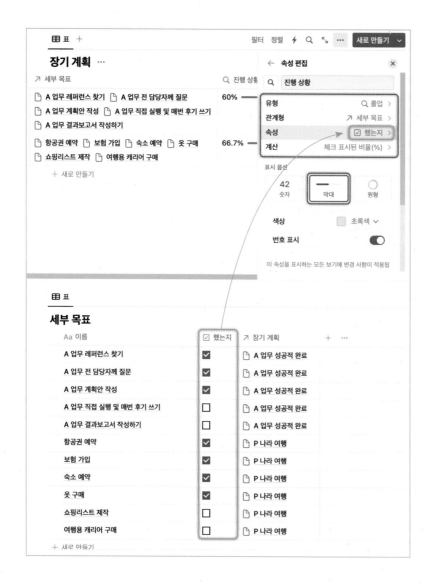

'장기 계획' 표에 [롤업] 속성을 추가해 '세부 목표'의 체크박스 속성을 보
이도록 했습니다. 그리고 [계산]은 '체크 표시된 비율(%)'로 설정하여

가장 쉬운 독학 노션 첫걸음

'세부 목표'의 체크박스 속성의 선택된 비율이 보이도록 했습니다. [표시 옵션]은 막대를 설정해 진행 상황을 깔끔하게 보이도록 했습니다.

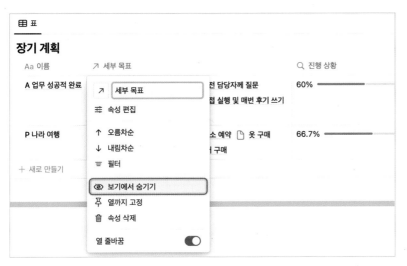

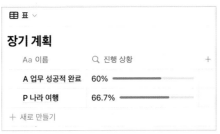

'장기 계획' 표의 '세부 목표' 관계형 속성은 보기에 지저분하므로, [보기에서 숨기기] 처리를 하면, 위의 그림처럼 깔끔하게 장기 계획별 진행 상황이 완성됩니다. 만약 '세부 목표' 표에서 체크박스를 클릭하면 두 표가 관계형 속성으로 연결되어 있기 때문에 '진행 상황'이 실시간으로 변경됩니다.

▶ 정민쌤의 영상 과외

노션을 더 유용하게!
관계형 속성&롤업

가계부 템플릿은 관계형 속성과 롤업이 함께 들어간 템플릿입니다.

표

월별

Aa 연/월 항목	↗ 가계부 내역	Q 수입	Q 지출	+ ···
2024-09	📄 통신비 📄 파스타 📄 택시 📄 월급	₩1,000,000	₩103,000	
2024-10	📄 김밥	₩0	₩5,000	
+ 새로 만들기				

표

가계부 내역

📅 날짜	⊙ 유형	Aa 항목	# 수입	# 지출	↗ 월별	+
2024년 9월 2일	통신비	통신비		₩33,000	📄 2024-09	
2024년 9월 6일	식비	파스타		₩40,000	📄 2024-09	
2024년 9월 22일	교통비	택시		₩30,000	📄 2024-09	
2024년 9월 29일	월급	월급	₩1,000,000		📄 2024-09	
2024년 10월 6일	식비	김밥		₩5,000	📄 2024-10	
+ 새로 만들기						

가계부 템플릿 초기 형태

템플릿의 초기 형태입니다. '월별'과 '가계부 내역' 두 데이터베이스를 만들었고 관계형 속성으로 연결했습니다. '월별' 데이터베이스의 '수입' 속성과 '지출' 속성은 롤업 속성으로 '가계부 내역'의 '수입' 속성과 '지출' 속성 정보를 가져온 것입니다.

가계부 템플릿 사용 방법

표

월별

Aa 연/월 항목	Q 수입	Q 지출	Σ 순수익	+ ···
2024-09	₩1,000,000	₩103,000	₩897,000	
2024-10	₩0	₩5,000	-₩5,000	
+ 새로 만들기				

표

가계부 내역

📅 날짜	⊙ 유형	Aa 항목	# 수입	# 지출	↗ 월별	+ ···
2024년 9월 2일	통신비	통신비		₩33,000	📄 2024-09	
2024년 9월 6일	식비	파스타		₩40,000	📄 2024-09	
2024년 9월 22일	교통비	택시		₩30,000	📄 2024-09	
2024년 9월 29일	월급	월급	₩1,000,000		📄 2024-09	

위 그림은 '월별' 데이터베이스에서 관계형 속성은 보이지 않도록 [보기에서 숨기기] 하였습니다. 또한 롤업 속성에서 [계산 기능을 [합계]로 설정하여 월별 수입 항목과 지출 항목의 합계가 나타나도록 하였습니다. '순수익' 수식 속성은 수입 항목의 합계인 '수입' 롤업 속성과 '지출' 롤업 속성의 차이가 나타도록 수식을 입력하였습니다.

템플릿 사용 방법은 '가계부 내역'에 '유형' 속성을 통신비, 식비, 교통비 말고도 다양하게 추가하여 사용하고, 새로운 줄을 입력했으면 우측 '월별' 관계형 속성 셀을 클릭하여 '월별' 데이터베이스와 연결해야 합니다. 예를 들어 위 그림의 우측 하단의 경우 2024년 10월 22의 데이터 이므로 '2024-10'과 연결하도록 합니다.

관계형 속성은 서로 다른 데이터베이스를 연결하며, 롤업은 관계형 속성으로 연결한 것을 바탕으로 다른 데이터베이스의 데이터를 가져오는 기능!

관계형 속성은 Aa 제목 속성만 가져올 수 있으나, 롤업 속성을 사용하면 Aa 제목 속성뿐 아니라 다른 속성들도 가져올 수 있다!

많은 노션 사용자들이 링크된 데이터베이스와 관계형 속성을 헷갈려 합니다. 이는 링크된 데이터베이스의 '링크'와 관계형 속성의 '관계'가 우리나라 말로 '연결'이라는 뜻으로 비슷하기 때문에 일어나는 현상입니다. 링크된 데이터베이스와 관계형 속성을 몰라도 노션을 충분히 유용하게 사용할 수 있지만, 노션의 핵심 기능인 두 가지를 모르고 쓰기에는 너무나 아쉽습니다. 이번 토막 꿀팁에서 두 기능을 비교 분석하며 제대로 이해해 보겠습니다.

먼저 링크된 데이터베이스의 핵심은 '하나의 같은 데이터베이스'라는 겁니다.

같은 데이터베이스기 때문에 데이터베이스 제목도 같습니다. 원본 데이터베이스에서 링크 복사한 링크된 데이터베이스 제목에는 앞의 표처럼 화살표가 있습니다. 같은 데이터베이스이므로, 내용을 수정하면 모든 링크된 데이터베이스와 원본 데이터베이스의 내용이 수정됩니다. 다만 Chapter 5에서 배웠듯, 보기, 필터, 처리, 그룹화, 정렬은 링크된 데이터베이스여도 반영이 안 되므로 보기별로 원하는 정보만 보이도록 설정할 수 있습니다.

반면, 관계형 속성은 '완전히 서로 다른 데이터베이스를 연결한 상태'입니다.

따라서 앞의 그림을 보면 '회사별 포트폴리오' 표와 '국내 주식' 표, 두 개 표의 제목도 다릅니다. 만약 링크된 데이터베이스로 같은 데이터베이스였다면 표의 제목이 같아야 합니다. 국내 주식 데이터베이스의 속성 중 '시총(억)' 속성의 내용을 변경하여도, 회사별 포트폴리오 데이터베이스에 달라질 내용은 없습니다. 왜냐하면 표의 제목도 다른, 완전히 다른 데이터베이스이기 때문입니다. 즉, 관계형 속성의 목적은 다른 데이터베이스와 연결함과 동시에, 다른 데이터베이스의 제목 속성을 가져오는 것입니다. 앞의 그림도 빨간색 부분과 파란색 부분을 보면 다른 데이터베이스의 제목 속성을 가져왔습니다. 여기에 롤업 속성을 추가하면 제목 속성뿐 아니라 다른 속성까지 가져올 수 있습니다.

다음은 Chapter 5에서 배운 가계부 템플릿을 변형한 페이지입니다. 1번, 2번, 3번 데이터베이스를 비교 분석하며 앞서 정리한 것들을 복습해 보겠습니다. 아래 그림을 보고 데이터베이스 각각의 관계가 어떤지 추측해 보세요.

먼저 데이터베이스의 제목을 봐야 합니다. ❷번과 ❸번은 데이터베이스 제목이 '가계부 내역'으로 같으므로 같은 데이터베이스임을 알 수 있습니다. ❷번 데이터베이스 제목 앞에는 화살표 모양이 있는 것으로 보아 ❷번은 ❸번 데이터베이스의 링크된 데이터베이스입니다. ❸번은 원본인 반면 ❷번은 레이아웃을 표가 아닌 리스트 레이아웃으로 설정하였고, 월별 속성을 기준으로 정렬한 뒤, 식비만 보이도록 필터 처리하였습니다. 데이터베이스 속 내용을 수정하면 같은 데이터베이스끼리는 수정 내용이 즉각 반영이 되지만 보기, 정렬, 필터 등은 반영되지 않는 특성을 고려하여 ❷번 데이터베이스는 식비만 보이도록 설정한 경우입니다.

❶번 데이터베이스의 제목 속성이 ❸번 데이터베이스의 월별 속성에 있는 것으로 보아 '가계부 내역' 데이터베이스에서 '월별' 데이터베이스의 제목 속성을 가져온 것을 알 수 있습니다. 즉 서로 다른 두 데이터베이스가 관계형 속성을 통해 연결된 경우입니다.

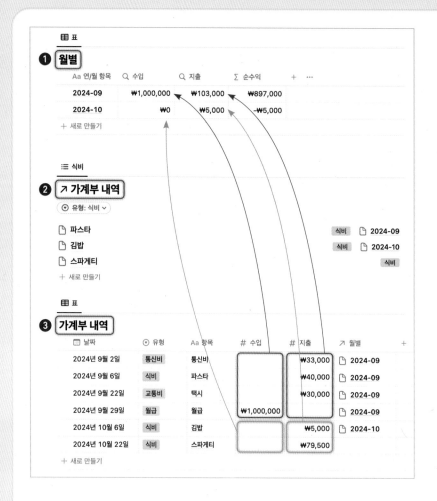

❶번 '월별' 데이터베이스의 수입 속성과 지출 속성은 돋보기 모양인 것으로 보아 롤업 속성입니다. 즉 관계형 속성으로 '가계부 내역' 데이터베이스와 연결되었기 때문에, '가계부 내역' 데이터베이스의 다른 속성들도 가져올 수 있습니다. ❶번의 2024-09의 수입은 ❸번에서 2024-09로 연결된 부분의 수입의 총 합계이며, 2024-10의 수입은 ❸번에서 2024-10으로 연결된 수입의 총 합계입니다. 지출도 마찬가지입니다.

❶번 '월별' 데이터베이스의 순수익 속성은 수입 속성에서 지출 속성을 뺀 수식을 사용한 것입니다.

링크된 데이터베이스와 관계형 속성을 이해하면 노션으로 더욱 다양한 템플릿을 만들 수 있습니다. 고퀄리티 템플릿 중 많은 템플릿이 링크된 데이터베이스와 관계형 속성을 사용하고 있습니다. 아이디어가 떠오르지 않아 템플릿을 만들기 어려워도, 다른 사람들이 만든 고퀄리티 템플릿을 복제했을 때 이해할 수 있을 겁니다. 이해를 한다면 자신의 상황에 맞게 수정하고, 나만의 템플릿으로 변형해 가며 사용할 수 있습니다.

> ▶ **정민쌤의 영상 과외**
>
> 노션 데이터베이스#11
> 관계형 VS 링크된 데이터베이스 비교

Chapter 6

노션을 더 스마트하게 활용하는 법

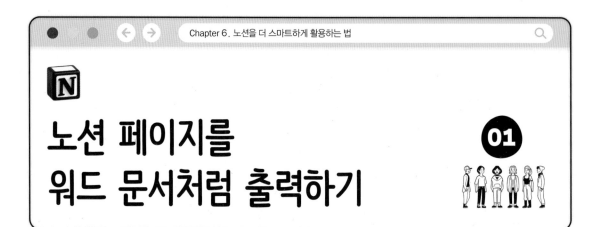

노션 페이지를
워드 문서처럼 출력하기

01

⬤◑◯ PDF로 내보내기

노션을 워드나 엑셀처럼 출력할 수는 없을까요? PDF로 변환하여 출력
할 수 있습니다. 노션 페이지를 출력하기 위해 PDF로 내보내는 방법
을 배워 보겠습니다.

우측 상단에 ⋯ 를 클릭한 뒤 [내보내기]를 클릭하면 내보내기 형식이 [Markdown & CSV]로 나옵니다. 내보내기 형식을 [PDF]로 변경한 뒤 [내보내기]를 클릭하면 노션 페이지가 PDF로 생성됩니다. PDF 파일을 인쇄하면, 감성적인 노션 페이지를 출력할 수 있습니다. 또한 PDF기 때문에 인쇄를 하기에도 용이하죠.

노션 페이지와 PDF 파일이 얼마나 비슷한지, 어떤 점이 다른지 자세히 살펴보겠습니다.

노션 메인 페이지

PDF로 생성한 노션 메인 페이지

Chapter 2와 Chapter 3에서 만든 노션 메인 페이지(위의 왼쪽 그림)를 PDF로 공유하면 위의 오른쪽 그림이 됩니다. 거의 똑같이 출력이 되었습니다. 왼쪽의 노션 페이지는 여러 하위 페이지들로 구성된 페이지입니다. PDF 파일에서도 하위 페이지의 데이터를 볼 수 있을까요? 가능합니다. PDF 파일에서도 각각의 하위 페이지를 클릭하면 하위 페이지 링크로 연결됩니다. 다만, 노션 페이지 링크 연결이 되기 때문에, 웹에 게시 설정을 해야 합니다.

초기에 상위 페이지에서 웹에 게시를 활성화하면 하위 페이지들도 웹에 게시가 활성화됩니다.

웹에 게시

공유 게시 ✓ ❷

⦿ 이 페이지는 웹에 게시되어 있습니다. 자세히 알아보기

https://fluffy-engineer-677.notion.site/My-Life-5f9227b4: | 웹 링크 복사

공개 링크의 도메인 설정

링크 만료 플러스   없음 ⌄
편집 허용   ⬭
댓글 허용   ⬭
템플릿 복제 허용   ⬮
검색 엔진 인덱싱 플러스   ⬭
                                   ❸
게시 취소   사이트 보기

게시 취소

메인 페이지에서 웹에 게시를 활성화하면 PDF 파일의 모든 하위 페이지에 접근할 수 있습니다. 특정 하위 페이지만 접근하지 못하게 하려면 [게시 취소]를 클릭합니다.

요리 페이지

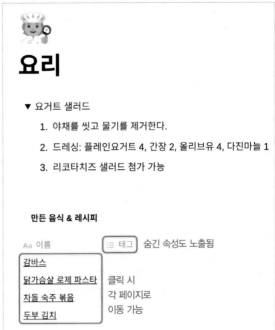

PDF로 생성한 요리 페이지

PDF 출력 시 데이터베이스는 어떻게 표현될까요? 갤러리든, 리스트든 어떠한 데이터베이스든 위의 오른쪽 그림과 같이 표로 출력이 됩니다. 252쪽의 첫 번째 그림과 같이 웹에 게시 후 PDF 파일의 '만든 음식&레시피' 데이터베이스의 Aa 제목 속성인 '감바스', '닭가슴살 로제 파스타' 등을 클릭하면 해당 페이지 링크로 연동되며 바로 위 왼쪽 그림의 음식 사진도 확인할 수 있고 페이지 내에 입력한 레시피들도 확인할 수 있습니다.

'태그' 속성은 왜 나온 것일까요? 표의 경우 PDF 출력 시 보이지 않는 속성은 PDF 파일에 노출되지 않지만, 표 외의 다른 데이터베이스는 보이지 않게 설정한 속성이어도 PDF로 출력하면 전부 노출이 됩니다.

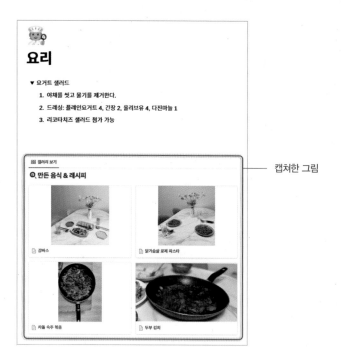

— 캡처한 그림

예쁜 갤러리를 PDF에서 계속 보이게 하고 싶으면, 갤러리 부분을 캡처 후, 그림을 삽입합니다. 그 후 PDF로 내보내면 위의 그림처럼 예쁜 갤러리가 그대로 출력되게 할 수 있습니다. 다만, 클릭을 해도 캡처된 그림 파일이기 때문에 페이지 링크로 연결이 되지는 않습니다.

즉, 노션에 데이터를 연결하고 출력했을 때 원하는 모습으로 보이지 않는 경우 캡처 후 삽입을 하면 노션 페이지를 그대로 출력할 수 있습니다.

Points!

● 노션을 PDF로 변환하여 출력 가능!

● PDF 파일에서도 각각의 하위 페이지를 클릭하면 하위 페이지 링크로 연결!

● PDF 출력 시 데이터베이스는 표로 출력됨!

위젯을 활용해 메인 페이지를 풍성하게 만들기 02

◐● indify.co

노션 위젯을 사용하면 메인 페이지를 풍성하게 꾸밀 수 있습니다.
(https://indify.co/)에 들어갑니다.

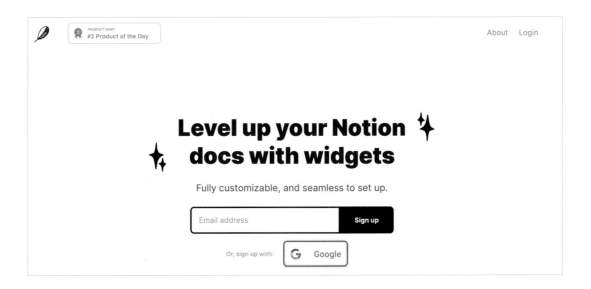

indify.co 홈페이지 로그인을 합니다. 구글 로그인도 가능합니다.

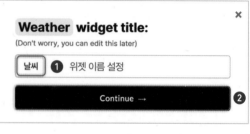

여러 위젯 중 Weather 위젯을 클릭한 뒤 위젯 이름을 설정하고
[Continue]를 클릭합니다.

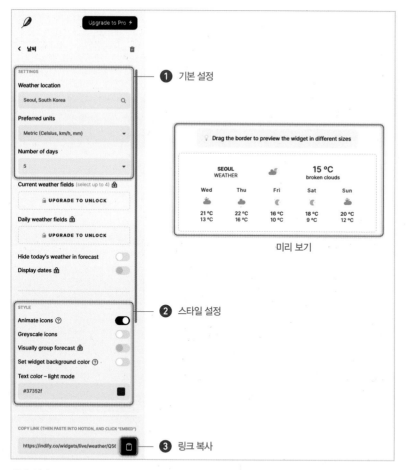

위젯 설정

❶ 위치, 섭씨, 보여지는 날짜 등의 기본 설정을 합니다.

❷ 날씨 기호가 움직이도록 설정할지, 배경 및 글자 색 등의 스타일을 설정합
니다.

기본 설정이나 스타일 설정한 것은 오른쪽에서 미리보기가 가능합니다.

❸ 링크 복사를 클릭합니다.

노션에서 붙여넣기

복사한 링크를 노션에 붙여넣기 한 다음 [임베드 생성]을 클릭합니다.

위젯이 들어간 메인 페이지

임베드 한 위젯에 마우스를 가져다 대면 위의 그림처럼 회색 바가 나옵
니다. 회색 바를 좌우로 드래그하여 크기를 조절하여 메인 페이지를 꾸

밉니다. 날씨 정보를 알 수 있을 뿐 아니라, 메인 페이지의 디자인도 훨씬 예뻐졌습니다.

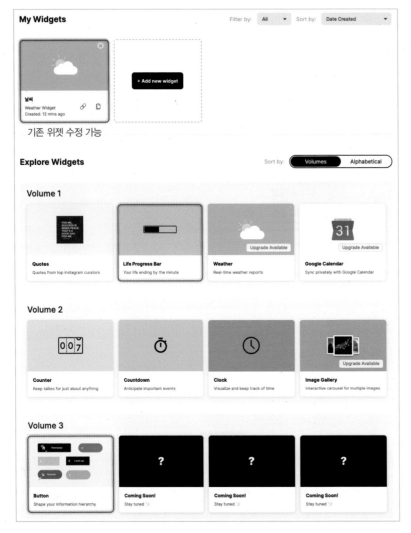

다양한 위젯 추가

맨 위의 'My Widgets'를 클릭하면 기존에 생성했던 위젯을 수정할 수 있습니다.

날씨 위젯 외에도 indify.co를 사용하면 명언, Life Progress Bar, Button 등 다양한 위젯을 사용해 나만의 노션 메인 페이지를 더욱 풍성하게 만들 수 있습니다. 여러 가지 위젯 중 가장 많이 쓰이는 Life ProgressBar와 Button 위젯에 대해 추가로 알아보겠습니다.

Life Progress Bar

생일, 기대수명, 보기 설정 스타일 설정을 하면 우측 [미리 보기]와 같이 오늘이 1년 중 얼마나 지났는지, 한 달 중 얼마 지났는지, 내 기대 수명 중 난 몇 %나 살았는지 등을 볼 수 있습니다. 링크 복사 후 노션에 임베드 하면, Life Progress Bar 위젯이 추가됩니다.

Button 위젯은 예쁜 버튼을 클릭하면 미리 등록한 URL로 연결할 수 있는 위젯입니다. 아이콘과 버튼 이름을 설정하고, 버튼 클릭 시 연결할 URL, 버튼 색, 스타일을 설정하면 우측 [미리 보기]와 같이 버튼이

① 아이콘과 버튼 이름 설정

② 버튼 클릭 시 연결할 URL

③ 버튼 색

미리 보기

④ 스타일 설정

⑤ 링크 복사

감성적으로 나타납니다. 마지막으로 링크 복사를 한 뒤, 노션에 임베드 하면 해당 버튼을 눌렀을 때 ②에 입력한 URL로 연결됩니다.

이 외에도 다양한 위젯을 임베드 하면 노션 페이지를 여러 기능과 함께 풍성하게 꾸밀 수 있습니다.

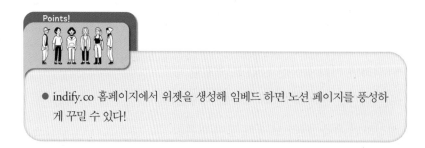

Points!

● indify.co 홈페이지에서 위젯을 생성해 임베드 하면 노션 페이지를 풍성하게 꾸밀 수 있다!

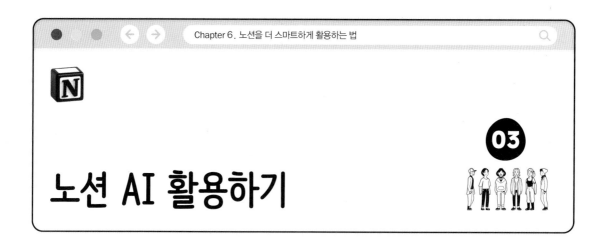

노션 AI 활용하기

03

◖◖◗ 노션 AI 알아보기

챗GPT의 등장으로 인공지능에 대한 관심이 더욱 뜨거워졌습니다. 각
종 질문에 적절한 답을 해 줄 뿐 아니라, 코딩까지 도와주니까요. 노션
에서도 노션 AI라는 인공지능 프로그램을 지원합니다. 노션 AI는 무엇
일까요? 노션 AI에게 직접 질문해 보겠습니다.

✦ 노션 AI의 장단점을 알려줘

페이지에서 스페이스바를 누르면 노션 AI를 실행할 수 있습니다. 노션
AI의 장단점에 대해 질문해 보겠습니다.

노션 AI의 장단점

노션 AI의 장점

- 빠르고 정확한 응답을 제공합니다.
- 다양한 언어를 지원하여 전 세계 사용자와 소통할 수 있습니다.
- 지속적인 학습과 발전을 통해 사용자 경험을 개선합니다.

노션 AI의 단점

- 언어 이해와 처리의 한계로 인해 가끔 오류가 발생할 수 있습니다.
- 복잡한 질문이나 지시에 대해서는 제한된 기능을 가지고 있을 수 있습니다.
- 개인정보와 같은 민감한 정보의 처리에 대한 보안 문제가 있을 수 있습니다.

✦ 예를 들어 더 자세히 알려줘

⚠ AI 응답의 내용은 부정확하거나 오해의 소지가 있을 수 있습니다. 자세히 알아보기 👍 👎

노션 AI에서 같은 질문을 해도, 항상 같은 응답이 나오지는 않습니다.

노션 AI의 장단점에 대한 설명이 순식간에 완성되었습니다. 여기서 응답을 종료할 수도 있고, 다른 일을 추가로 제시할 수도 있습니다. 더 자세히 물어보기 위해 예를 들어 달라고 해 봤습니다.

노션 AI의 장단점

노션 AI의 장점

- 빠르고 정확한 응답을 제공합니다. 노션 AI는 빠른 속도와 정확성을 통해 사용자의 질문에 신속하게 대답해줍니다.
- 다양한 언어를 지원하여 전 세계 사용자와 소통할 수 있습니다. 노션 AI는 다양한 언어를 이해하고 처리할 수 있어, 전 세계의 사용자들과 원활한 소통이 가능합니다.
- 지속적인 학습과 발전을 통해 사용자 경험을 개선합니다. 노션 AI는 지속적으로 학습하며 발전하여 사용자의 경험을 개선합니다.

노션 AI의 단점

- 언어 이해와 처리의 한계로 인해 가끔 오류가 발생할 수 있습니다. 노션 AI는 언어 이해와 처리에 한계가 있기 때문에, 가끔씩 오류가 발생할 수 있습니다.
- 복잡한 질문이나 지시에 대해서는 제한된 기능을 가지고 있을 수 있습니다. 노션 AI는 복잡한 질문이나 지시에 대해서는 제한된 기능을 가지고 있을 수 있습니다.
- 개인정보와 같은 민감한 정보의 처리에 대한 보안 문제가 있을 수 있습니다. 노션 AI는 개인정보와 같은 민감한 정보의 처리에 대한 보안 문제가 발생할 수 있습니다.

위의 그림처럼 예시뿐 아니라 더 자세한 정보가 제공되었습니다. 추가된 정보는 빨간 줄로 표시하였습니다.

노션 AI의 장점

- 빠르고 정확한 응답을 제공합니다. 노션 AI는

AI에게 요청

✦ 표로 바꿔줌

표로 바꾸기 요청

응답을 종료한 뒤에는 범위를 지정하여 [AI에게 요청]을 클릭하면, 드래그한 범위의 정보 내에서 추가 과제를 요청할 수 있습니다. 바로 위 그림처럼 드래그한 정보(노션 AI의 장단점)를 표로 바꿔 달라고 요청해 보겠습니다.

노션 AI의 장점	노션 AI의 단점
- 빠르고 정확한 응답을 제공합니다.	- 언어 이해와 처리의 한계로 인해 가끔 오류가 발생할 수 있습니다.
- 다양한 언어를 지원하여 전 세계 사용자와 소통할 수 있습니다.	- 복잡한 질문이나 지시에 대해서는 제한된 기능을 가지고 있을 수 있습니다.
- 지속적인 학습과 발전을 통해 사용자 경험을 개선합니다.	- 개인정보와 같은 민감한 정보의 처리에 대한 보안 문제가 있을 수 있습니다.

표로 바뀐 형태

노션 AI의 장단점이 위 그림과 같이 표로 바뀌었습니다. 노션 AI에게 요청하면 정보를 표로 바꿀 수도 있습니다. 위 요청은 원래 길게 서술된 정보를 그대로 표로 바꾸어서 길게 나온 경우이며, 처음부터 '노션 AI의 장단점을 표 만들어 줘.'라고 요청하면 다음과 같이 간단한 표가 완성이 됩니다.

드래그를 해 범위를 지정하여 특정 범위만 AI에게 과제를 요청할 수도 있고, 페이지 빈 곳에 스페이스 바를 눌러 요청하면 페이지 전체 내용을 AI에게 과제로 요청할 수 있습니다.

장점	단점
노션 AI는 사용자의 지시를 따라 동작하므로 편리하다.	노션 AI는 언어 이해에 제한이 있을 수 있다.
노션 AI는 빠르고 정확한 답변을 제공할 수 있다.	노션 AI는 인간과 대화하는 것보다 제한된 기능을 가지고 있다.
노션 AI는 계속해서 학습하고 발전할 수 있다.	노션 AI는 실시간으로 상호작용하거나 복잡한 작업을 수행하는 데는 제한이 있다.

◑◐◯ 노션 AI로 원하는 데이터 만들어 가기

노션 AI를 통해 번역도 빠르게 할 수 있습니다.

번역 요청

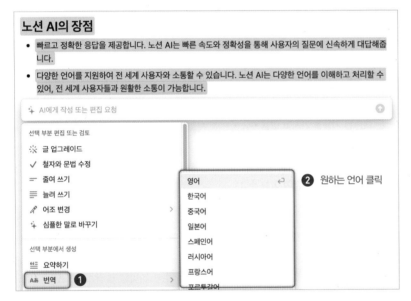

번역 결과

[번역]을 클릭하고 원하는 언어를 클릭하면 해당 언어로 번역이 가능합니다.

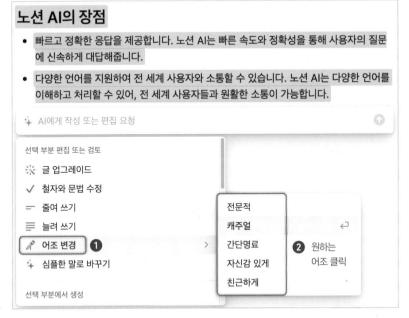

어조 변경 요청

어조 변경 결과

[어조 변경]을 클릭하면 다양한 어조로 변경할 수 있습니다. 바로 위 그림은 [캐주얼] 어조를 클릭한 결과로, '~합니다'로 쓰여 있던 글이 '~해요'와 같이 캐주얼한 어조로 변경되었습니다.

옛날옛날에먼우주에알림별과고집별이 있었어요. 알림별과 고집별에는 각각 천재과학자가살고 있었어요. 어느 날 두 별의 천재 과학자는 평생 병들지않고 행복하게 살 수 있는 약을 거의 동시에 개발했어요. **고집별 과학자는약을 개발하고 생각했어요."이 약으로 나 혼자 행복하게 평생 살아야지! 우하하하!"**

> ✦ AI에게 작성 또는 편집 요청 　　　　　　　　　　　　　　　　　　⬆
>
> ❋ 글 업그레이드
> ✓ 철자와 문법 수정 　　　　　　　　　　　　　　　⏎
> ═ 줄여 쓰기
> ≡ 늘려 쓰기
> ✎ 어조 변경 　　　　　　　　　　　　　　　　＞
> ✦ 심플한 말로 바꾸기

철자와 문법 수정 요청

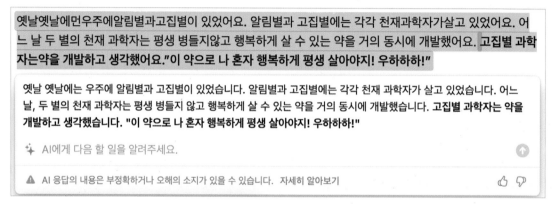

옛날옛날에먼우주에알림별과고집별이 있었어요. 알림별과 고집별에는 각각 천재과학자가살고 있었어요. 어느 날 두 별의 천재 과학자는 평생 병들지않고 행복하게 살 수 있는 약을 거의 동시에 개발했어요. **고집별 과학자는약을 개발하고 생각했어요."이 약으로 나 혼자 행복하게 평생 살아야지! 우하하하!"**

> 옛날 옛날에는 우주에 알림별과 고집별이 있었습니다. 알림별과 고집별에는 각각 천재 과학자가 살고 있었습니다. 어느 날, 두 별의 천재 과학자는 평생 병들지 않고 행복하게 살 수 있는 약을 거의 동시에 개발했습니다. **고집별 과학자는 약을 개발하고 생각했습니다. "이 약으로 나 혼자 행복하게 평생 살아야지! 우하하하!"**
>
> ✦ AI에게 다음 할 일을 알려주세요. 　　　　　　　　　　　　　　　⬆
>
> ⚠ AI 응답의 내용은 부정확하거나 오해의 소지가 있을 수 있습니다. 자세히 알아보기 　👍 👎

철자와 문법 수정 결과

[철자와 문법 수정]을 클릭하면 띄어쓰기 등 맞춤법이 올바르게 수정됩니다. 이 기능을 사용하면 글자 하나 하나를 자세히 읽어 가며 맞춤법이 맞았는지 확인하는 시간이 대폭 줄어들 겁니다. 또한 [철자와 문법 수정]뿐 아니라, [글 업그레이드], [줄여 쓰기], [늘려 쓰기], [심플한 말로 바꾸기] 등의 요청을 하면 노션 AI의 도움을 받아 글을 원하는 대로 변경할 수 있습니다.

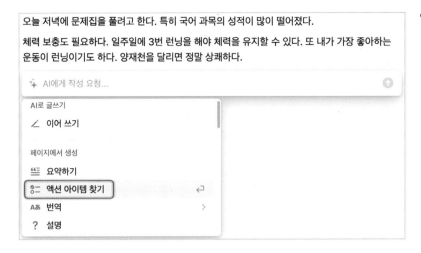

액션 아이템 찾기 요청 결과

[액션 아이템 찾기]를 클릭하면 페이지에 정리된 정보를 바탕으로 해야 할 일이 '할 일 목록'으로 정리됩니다. 위의 그림처럼 '문제집을 풀려고 한다.', '국어 과목의 성적이 많이 떨어졌다.'라는 개별적인 정보를 AI가 인식하고, '국어 문제집 풀기'라는 액션 아이템이 자동 생성 되었습니다. '일주일에 3번은 러닝해야 체력을 유지할 수 있다. 또 내가 좋아하는 운동이 러닝'이라는 정보를 바탕으로 '일주일에 3번 러닝하기'라는 액션 아이템이 자동 생성되었습니다.

즉, [액션 아이템을 찾기를 사용하면 위 그림처럼 해야 할 일들의 핵심을 자동으로 정리할 수 있습니다. 예를 들어 긴 보고서나, 의식의 흐름대로 적은 각종 생각들도 노션 AI를 사용하면 해야 할 일을 빠르게 정리할 수 있기 때문에 매우 편리합니다.

노션 AI는 초안을 작성할 때도 매우 유용합니다. 브레인스토밍, SNS 게시물 등 다양한 형태로 초안을 만들어 줍니다. 스페이스바를 누른 상태로 스크롤을 내리면 블로그 게시물, 에세이, 시, 회의 어젠다 등 다양한 예시가 나옵니다.

AI에게 초안 요청

아이디어 브레인스토밍 주제 요청

노션 AI의 초안 작성을 활용해 보겠습니다. [아이디어 브레인 스토밍]을 클릭했더니 '아이디어 브레인 스토밍 주제'라고 입력이 되어, 앞에 '경기 남부 여행지'를 추가 입력하여 요청해 보았습니다.

아이디어 브레인스토밍 결과

경기 남부 여행지 아이디어 브레인스토밍 주제

1. 수원: 화성과 수원화성을 방문하여 고조선과 조선시대의 역사를 탐험해 보세요.
2. 안산: 안산 와우정사에서 고려시대의 아름다운 사찰을 감상하고, 힐링하는 시간을 보내세요.
3. 평택: 평택 해수욕장에서 해변 휴양을 즐기고, 오리엔테이션 마을에서 전통 문화를 체험하세요.
4. 오산: 오산 성남동고분군에서 신라시대의 고분군을 탐방하고, 풍경 아름다운 오산 천사폭포를 감상하세요.
5. 화성: 화성 테마파크에서 다양한 놀이시설과 액티비티를 즐기며 가족과 함께 즐거운 시간을 보내세요.

이 주제들을 참고하여 경기 남부 지역에서 다양한 여행지를 탐험해 보세요!

AI에게 다음 할 일을 알려주세요.

⚠ AI 응답의 내용은 부정확하거나 오해의 소지가 있을 수 있습니다. 자세히 알아보기

5가지의 아이디어 브레인스토밍 결과가 순식간에 완성되었습니다.

코딩 요청 하기

노션 AI는 제한적이긴 하지만, 코딩도 가능합니다.

코딩 요청 결과

```python
def calculator():
    while True:
        print("계산할 연산자를 선택하세요:")
        print("1. 덧셈")
        print("2. 뺄셈")
        print("3. 곱셈")
        print("4. 나눗셈")
        print("5. 종료")

        choice = int(input("선택: "))

        if choice == 1:
            num1 = float(input("첫 번째 숫자 입력: "))
            num2 = float(input("두 번째 숫자 입력: "))
            print("결과:", num1 + num2)
        elif choice == 2:
            num1 = float(input("첫 번째 숫자 입력: "))
            num2 = float(input("두 번째 숫자 입력: "))
            print("결과:", num1 - num2)
        elif choice == 3:
            num1 = float(input("첫 번째 숫자 입력: "))
            num2 = float(input("두 번째 숫자 입력: "))
            print("결과:", num1 * num2)
        elif choice == 4:
            num1 = float(input("첫 번째 숫자 입력: "))
            num2 = float(input("두 번째 숫자 입력: "))
            if num2 == 0:
                print("0으로 나눌 수 없습니다.")
            else:
                print("결과:", num1 / num2)
        elif choice == 5:
            print("계산기를 종료합니다.")
            break
        else:
            print("잘못된 선택입니다. 다시 선택하세요.")
        print()

calculator()
```

python으로 계산기를 만들어 달라고 요청했더니 코드뿐 아니라 사용
방법까지 작성되었습니다.

최근 교육부의 맞춤형 교육이 가능한 AI 디지털교과서 계획 발표로, AI 디지털교과서에 대한 관심이 뜨겁다. 똑똑! 수학탐험대는 KERIS에서 만든 인공지능 활용 초등 1-4학년 수학수업 지원시스템으로, 학생에게 진단 데이터 기반으로 맞춤형 문제를 제공하는 인공지능 추천활동을 지원하고 있어, AI 디지털교과서의 참고 자료로 언급되기도 한다. 인공지능 추천활동 외에도 매 차시 교과 영상을 보고 문제를 풀 수 있는 교과 활동, 교사가 평가 결과를 확인할 수 있는 평가 활동, 문제를 풀어 동물 카드를 얻을 수 있는 탐험 활동, 스피드 레이싱 등 각종 게임형 퀴즈를 풀 수 있는 자유 활동 등도 있다.

똑똑! 수학 탐험대의 장점은 다음과 같다. 첫째, 로그인이 간편하다. OTP 숫자 6글자만 입력하면 된다. 둘째, 디자인이 아기자기해서, 학생들로 하여금 공부라는 생각이 덜 들게 한다. 셋째, 문제를 풀면 보상이 나와, 게임처럼 즐길 수 있다. 아기자기하고 게임같기 때문에 학생들이 정말 좋아하며, 수업 시간이 끝나도 '더 하면 안돼요?'라는 말이 쏟아져 나온다. 넷째, 평가 활동은 자동으로 채점된 결과를 확인할 수 있다. 이 결과를 기반으로 반에서 전반적으로 많이 틀린 문항은 추가로 설명을 할 수도 있으며, 특정 학생의 성취도가 부족한지 아닌지도 한 눈에 파악할 수 있다. 다섯째, 남은 시간에 할만한 활동들이 많다. 수학 교과의 경우 학생마다 문제 푸는 속도가 다르다. 먼저 학습을 완료한 경우, 학생 맞춤형 추가 과제를 따로 제공하는 것도 상당히 어려운 일이다. 똑똑! 수학탐험대를 활용하면 구출탐험이나 인공지능 추천활동을 통해 학생 수준에 맞는 추가 과제를 쉽게 제공할 수 있다. 여섯째, 계정 ID와 비밀번호를 알려주면, 가정에서도 추가 학습이 가능하다.

필자가 활용하는 똑똑! 수학탐험대 수업 루틴은 다음과 같다. 교과 활동 문제 풀이 후, 평가 활동의 차시 평가 2문제를 풀고, 시간이 남은 학생들에게 구출탐험, 인공지능 추천활동을 하게 한다. 그리고 학습 태도가 좋은 경우 자유 활동(수학 게임)을 보상으로 제공한다. 별다른 동기유발 없어도 학생들이 몰입하여 즐겁게 문제를 풀기 때문에 똑똑! 수학탐험대를 자주 활용하며, 1-4학년 선생님들께도 적극적으로 추천드린다.

요약하기 요청

교육부의 AI 디지털교과서 계획 발표로 인해 AI 디지털교과서에 대한 관심이 높아지고 있다. KERIS에서 개발한 똑똑! 수학탐험대는 초등학교 1-4학년을 대상으로 인공지능 추천활동을 통해 맞춤형 문제를 제공하고, 교과 영상 시청, 평가 활동, 탐험 활동, 게임형 퀴즈 등 다양한 활동을 지원한다. 로그인이 간편하고 아기자기한 디자인, 문제 풀이에 따른 보상, 자동 채점된 평가 결과 확인, 추가 학습 가능성 등이 장점으로 언급되었다.

⚠ AI 응답의 내용은 부정확하거나 오해의 소지가 있을 수 있습니다. 자세히 알아보기

요약하기 요청 결과

앞의 그림처럼 요약하기 기능도 유용합니다. 회의 후 회의록을 요약해 달라고 하거나, 긴 뉴스 기사 등의 각종 글을 요약해 달라고 요청하면 간단하게 요약이 됩니다.

노션 AI는 앞서 봤듯이 초안 작성부터 각종 질문 해결, 표로 바꾸기, 내용 더 자세히 추가하기, 요약하기, 번역하기, 어조 바꾸기, 철자와 문법 수정, 액션 아이템 찾기, 코딩, 요약하기 등 다양한 기능이 가능합니다. 특히 노션 페이지에 정리한 방대한 정보들을 바탕으로 순식간에 작업을 완료하는 것이 장점입니다. 모든 기능을 다 사용하려고 하기보다, 필요한 기능 1~2개씩 조금씩 사용하다 보면 업무나 일상이 더욱 스마트해질 것입니다.

노션 AI는 일정 개수까지만 무료입니다.

Points!

안드로이드에서 다운로드

iOS에서 다운로드

Chapter 1에서 다뤘듯이 안드로이드, iOS 운영체제에서 노션 앱을 다운받아 스마트폰, 태블릿에서 모두 노션을 사용할 수 있습니다.

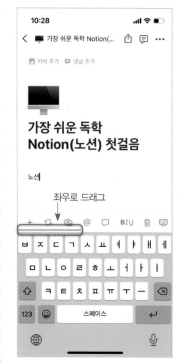

스마트폰 세로 모드

안드로이드나 iOS나 노션 앱에서 노션을 하는 방법은 비슷합니다. 텍스트를 입력하면 각종 기능을 사용할 수 있고, 좌우로 드래그하여 여러 기능들을 볼 수 있습니다. 스마트폰 가로 모드로 기능 전체가 보인 상태에서, 각각의 기능을 알아보겠습니다.

스마트폰 가로 모드

❶ 노션 AI에게 요청할 수 있는 기능입니다.

❷ 텍스트, 페이지, 할 일 목록, 제목 등의 기본 블록부터 데이터베이스, 파일 추가, 임베드와 같은 고급 블록 등 각종 블록을 추가하는 기능입니다. 가장 기본이 되는 기능으로 데스크톱에서 '/' 명령어와 유사합니다.

❸ 블록을 다른 블록으로 전환할 수 있습니다. Chapter 2에서 학습했던 '전환'과 같습니다.

❹ 사진이나 동영상을 추가할 수 있습니다.

❺ 멘션 기능입니다.

❻ 댓글 기능입니다.

❼ 텍스트 서식을 편집할 수 있습니다.

❽ 삭제입니다.

❾ 되돌리기입니다.

⑩ 되돌리기 취소입니다.

⑪ 글자 색이나 배경 색 변경입니다.

⑫ 복제 등의 작업이 가능한 설정입니다.

⑬ 내어쓰기(들여쓰기 취소)입니다. 현재 입력 중인 '노션'이라는 글자가 들여쓰기가 되어 있지 않기 때문에 비활성화되어 있습니다.

⑭ 들여쓰기입니다.

⑮ 해당 줄을 위 줄로 옮기기 기능입니다.

⑯ 해당 줄을 아래 줄로 옮기기 기능입니다.

즉 데스크톱에서 사용할 수 있는 대부분의 기능을 사용할 수 있습니다.

단이 나뉜 태블릿

단이 나뉘지 않는 스마트폰

스마트폰에서 단이 나뉜 게 보인다면 가로 폭이 좁아 보기 안 좋을 겁니다. 그래서 스마트폰은 단이 나뉜 게 보이지 않습니다. 태블릿은 가로가 넓기 때문에 단이 나뉜 게 보입니다.

가장 쉬운 독학 노션 첫걸음

Chapter 7

다양한 노션 템플릿으로 삶의 질 높이기

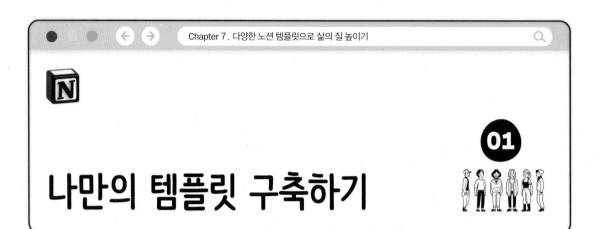
나만의 템플릿 구축하기

01

앞서 Chapter 1~6에서는 다음 그림(1. 나만의 예쁜 메인 페이지 ~ 8. 가계부 템플릿)과 같이 8가지 템플릿을 만들면서 노션에서 가장 많이 쓰는 기능들을 학습했습니다.

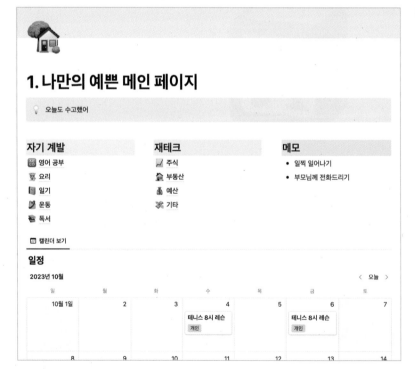

나만의 예쁜 메인 페이지 템플릿

2. 일일계획 관리 자동화

🔔 아래 [일일계획 틀]을 눌러서 자동화 계획 틀을 생성하세요.
[일일 계획 틀]은 버튼으로 만들었습니다.
(일일 계획 틀 에 마우스를 가져다 대면 생기는, 톱니바퀴 모양 클릭 시 틀 변경 가능합니다.)

📑 일일계획 틀

2024년 n월 n일

💡 오늘 다짐:

오늘 해야 할 일

3. 독서 기록

⊞ 전체보기 ⊞ 경제/경영 📅 캘린더로 보기 ≔ 읽는 중

독서 기록

Aa 책 제목(작가)	☑ 정리	⊙ 별점	≔ 종류	⟳ 읽은 정도	🗓 읽은 날짜
📖 마침내, 부자(반지상)	☑	★★★★★	경제/경영	● 🔖 읽기 완료	2023년 10월
몸이 예전 같지 않아, 나만 그래?(구도 다카미)	☑	★★★★★	건강	● 🔖 읽기 완료	2023년 10월
꽃말의 탄생(샐리 쿨타드)	☐	★★★★★	에세이	● 📖 읽는 중	2023년 10월
가장 쉬운 이중언어 아이놀이 첫걸음(이종혁)	☐	★★★★★	교육	● 🔖 읽을 예정	2023년 10월
통계학 대백과 사전(이시이 도시아키)	☐	★★★★★	수학/과학	● 📖 읽는 중	2023년 9월 27
세상에서 가장 행복한 100세 노인(에디 제이쿠)	☐	★★★★★	에세이	● 🔖 읽기 완료	2023년 10월
가장 쉬운 독학 BITMAN 비트코인 투자 첫걸음(정광민)	☑	★★★★★	경제/경영	● 🔖 다시 읽...	2023년 9월 26

4. 부동산 임장

⊞ 전체보기 ⊞ S지역 ⊞ T지역 ⊞ K지역

Aa 아파트명	≔ 지역	# 매매	# 전세	# 평형	≔ 거리/도보	☑ 공원	# 주차 대수	≔ 특징
A 아파트	S지역	4.7	3.2	25	K역 3km 차 10분 버스 20분	☑	1.5	바다 앞 상권 10
B 아파트	T지역	7.1	3.6	27	T역 바로 앞	☑	1.7	공원 가 새롭고
C 아파트	K지역	6.2	3.5	25	A역 700m 도보 10~15분	☑	1.8	컨디션 동이 적

+ 새로 만들기

5. 개인 포트폴리오

🎵 클래식을 즐기고 🌲자연을 사랑하는

🖥 UI 디자이너 OOO입니다.

B회사 3년차로 T업무를 하고 있습니다.

자세한 경력은 아래를 참고해주세요 😊

✉ aaaa@gmail.com

📞 010-1234-5678

😊 밑줄있는 것을 클릭하면 링크 연결이 됩니다.   ▶ 링크 연결 밑줄 만드는 방법

🎓 학력
- A대학교 B학사 (2014 ~ 2017)
- A대학교대학원 B석사 (2017~ 2019)

📖 저서 & 학술
- 가장 쉬운 독학 Notion (동양북스, 2022)

🏆 경력
- A회사 (2017~2018)
  - C 프로젝트 디자인 총괄
  - T 업무
- B 회사 (2018~)

JUL
17

6. 날짜 계산 템플릿

생일, 만 나이 함수 적용된 표

⊞ 표

생일

Aa 이름	📅 태어난 날	Σ 만 나이	Σ 생일	+
김선우	2010년 7월 29일	13	2023년 7월 29일	
최지민	2015년 8월 2일	8	2023년 8월 2일	
한인석	1987년 4월 17일	36	2023년 4월 17일	

+ 새로 만들기

D-day 함수 적용된 표

⊞ 표

D-day

Aa 이름	📅 날짜	Σ D
A	2020년 8월 30일	D+1
B	2022년 11월 4일	D+3
C	2024년 12월 16일	D-4
D	2023년 10월 22일	D-1

+ 새로 만들기

💡 속성 이름 꼭 확인!

만 나이 함수

dateBetween(now(), 태어난 날 **, "years")**

생일 함수

dateAdd(태어난 날 **,** 만 나이 **, "years")**

D-day 함수 수식

if(조건, "참일때 결과", "거짓

7. 회비 계산 템플릿

💡 위 템플릿의 사용 방법은 '남은 돈' 속성을 다음 줄의 '이전 잔액' 속성에 입력해야 합니다.
또한 '남은 돈' 속성의 수식은 prop("이전 잔액") - prop("지출") + prop("회비 납부")입니다.

⊞ 표

회비 계산

📅 날짜	Aa 항목	# 이전 잔액	# 지출	Σ 남은 돈	# 회비 납부	+
2024년 8월 25일	8월 회비			₩300,000	₩300,000	
2024년 9월 7일	다과	₩300,000	₩67,300	₩232,700		
2024년 9월 25일	9월 회비	₩232,700		₩532,700	₩300,000	
2024년 9월 28일	다과	₩532,700	₩40,000	₩492,700		
2024년 10월 7일	B 횟집 및 승진 선물	₩492,700	₩508,000	-₩15,300		
2024년 10월 25일	10월 회비	-₩15,300		₩284,700	₩300,000	
2024년 10월 26일	C 고깃집	₩284,700	₩124,800	₩159,900		

+ 새로 만들기

8. 가계부 템플릿

💡 '월별' 데이터베이스에서 관계형 속성은 보이지 않도록 [보기에서 숨기기] 하였습니다.

⊞ 표

월별

Aa 연/월 항목	🔍 수입	🔍 지출	Σ 순수익	+	⋯
2024-09	₩1,000,000	₩103,000	₩897,000		
2024-10	₩0	₩5,000	-₩5,000		

+ 새로 만들기

💡 '유형' 속성을 통신비, 식비, 교통비 말고도 다양하게 추가하여 사용하고, 새로운 줄을 입력했으면 우측
'월별' 관계형 속성 셀을 클릭하여 '월별' 데이터베이스와 연결해야 합니다.

⊞ 표

가계부 내역

📅 날짜	☉ 유형	Aa 항목	# 수입	# 지출	↗ 월별	+
2024년 9월 2일	통신비	통신비		₩33,000	📄 2024-09	

8가지 템플릿 외에도, 앞서 배운 기능들을 이용하면 정말 다양한 템플릿을 만들 수 있으며, 남들이 만들어 놓은 템플릿(노션 템플릿 갤러리 등을 참고)들도 자신에게 맞게 개인화해 활용할 수 있을 겁니다.

제가 생각하기에 가장 좋은 템플릿은 자기가 직접 만들거나 수정한 템플릿입니다. 직접 만든 템플릿도 처음에는 생각 그대로 만들었기 때문에 완벽하지는 않습니다. 사용하면서 생활에 편리하게 수정해 나가야 합니다. 불편한 부분이 있으면 수정하고, 속성 추가, 필터 등 다양한 기능들을 상황에 맞게 수정해 나가다 보면 자신에게 꼭 맞는 나만의 템플릿이 만들어집니다.

남들이 만든 템플릿을 복제해서 쓰는 것도 좋은 방법입니다. 다만, 사용하면서 본인에게 안 맞는 부분은 삭제하고, 자신에게 맞게 수정해 나가면서 쓴다면 더욱 유용하게 활용할 수 있습니다.

지금부터는 앞서 배운 템플릿 말고도 다양한 템플릿들을 만나 보겠습니다.

Points!

● 가장 좋은 템플릿은 자기가 직접 만들거나 수정한 템플릿!
● 사용하면서 속성 추가, 필터 등 다양한 기능들을 상황에 맞게 수정해 나가다 보면 자신에게 꼭 맞는 템플릿 만들기 가능!
● 남들이 만든 템플릿을 복제 후 수정해서 쓰는 것도 좋은 방법!

02

일상 정리 템플릿

●◐○ 맛집 리스트

맛집 리스트 템플릿은 레이아웃을 갤러리, 표 두 가지로 나누었습니다.
갤러리를 선택하면 음식점의 이미지나 음식 사진을 예쁘게 모아 볼 수
있고, 표를 클릭하면 원하는 정보를 한눈에 볼 수 있습니다.

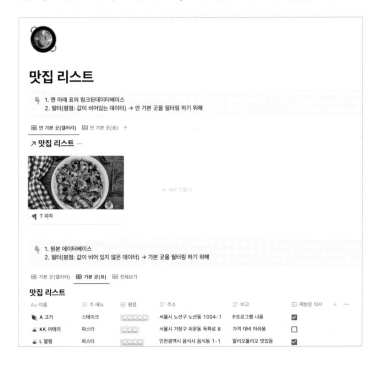

속성은 재방문 의사, 별점, 주소 등을 입력하였으며, 가 본 음식점 데이터베이스와 아직 안 가 본 음식점 데이터베이스를 나누어서 정리하였습니다.

●●● 운동일지(헬스)

운동을 해야 한다는 생각은 하지만, 실제로 운동을 하는 것은 쉬운 일이 아닙니다. 헬스를 자주 가시는 분이 아니면 주요 운동에서 어느 정도 무게를 내가 감당할 수 있는지도 잘 모르는 경우가 많습니다.

운동일지(헬스) 메인 페이지

운동일지(헬스) 체크리스트

운동일지(헬스) 템플릿을 사용하면 나의 루틴을 바탕으로 계획적으로 운동을 할 수 있고, 무게를 점점 높여 가는 재미를 느낄 수 있을 겁니다. 또한 헬스 체크리스트를 통해 운동한 날을 체크할 수 있어, 성취감을 느낄 수 있도록 구성하였습니다.

◖◗◯ 운동일지(러닝)

요일별 러닝 프로그램을 미리 계획하여 체계적으로 러닝 훈련을 하고, 러닝 거리와 시간 등을 기록할 수 있는 템플릿입니다. 매일 뛴 거리와 시간을 기록하다 보면 성취감에 달리는 재미를 느낄 수 있을 겁니다. 또한 목표와 알맞은 주법을 되새기도록 템플릿을 구성하였습니다.

운동일지는 헬스와 러닝 템플릿을 예시로 만들었지만, 이 외에도 여러분들이 하는 운동 템플릿을 만들어 기록하다 보면 체계적인 훈련과 성취감이라는 두 마리 토끼를 다 잡을 수 있을 겁니다.

◖◗ 스마트 쇼핑 비교

고가의 물품을 살 때는 최적의 소비를 위해서 다양한 요소들을 조사하고 비교하면 효과적입니다. 이때 머릿속으로 직관적으로 비교하기보다 각 요소의 특징을 정리하면 보다 현명한 소비를 할 수 있습니다.

스마트 쇼핑 비교
– 갤러리

스마트 쇼핑 비교
– 표

스마트 쇼핑 비교

◻ 갤러리 보기 ▦ **표로 보기**

침대 비교

# 번호	Aa 이름	# 가격(1700)	# 가격(1800)	# 높이	⊙ 브랜드	+
1	🛏 B 침대	₩1,800,000	₩1,900,000	23	T회사	
2	🛏 K 침대	₩1,200,000	₩1,400,000	26	C회사	
3	🛏 C 침대	₩900,000	₩900,000	25	P회사	
4	🛏 L 침대	₩1,100,000	₩1,300,000	25	P회사	

+ 새로 만들기

특히 같은 팀, 가족, 동아리와 협의해서 소비해야 할 경우 페이지를 공유해 함께 결정할 수도 있습니다. 고가의 물품을 사기 전 노션으로 정리하여 현명한 소비를 해 보아요!

●●● 수업 정리 템플릿

학생들을 위한 수업 정리 템플릿입니다. 시간표, 주요 파일, 학습 내용, 일정을 정리할 수 있습니다. 특히 맨 아래 학사일정 캘린더의 링크된 데이터베이스를 우측 상단에 생성하여, 리스트 형태로 볼 수 있도록 하였고 체크박스 속성을 추가해 보이게 하여, 날짜별 일정 관리에 용이하게 하였습니다.

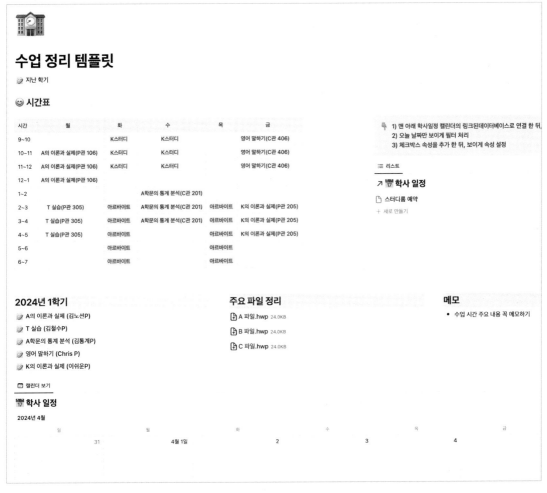

수업 정리 템플릿 — 메인 페이지

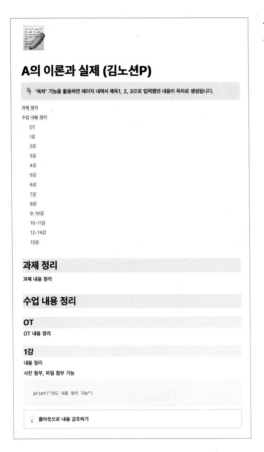

수업 정리 템플릿
— 과목 내 페이지

과목을 클릭하면 수업 내용을 차시별로 정리할 수 있습니다. 매 강의를 제목 블록으로 생성하였기 때문에 페이지 상단에 목차 만들기 블록을 생성하여 관리하기에 편합니다. 목차에서 4강을 클릭하면 4강으로 이동하고, 8강을 클릭하면 8강으로 이동합니다.

Points!

- 맛집 리스트, 운동일지, 스마트 쇼핑, 수업 정리 등의 템플릿으로 일상 정리 가능!
- 특징에 따라 갤러리와 표 등으로 나누어 템플릿을 만들면 활용도 UP!

가장 쉬운 독학 노션 첫걸음

여행 템플릿

여행 계획

노션을 활용하면 여행 계획 수립, 각종 참고 링크 삽입, 사진 정리까지 한 번에 할 수 있습니다. 특히 함께 여행할 사람에게 Chapter 4에서 배운 공유 기능을 활용해 페이지 링크를 전송해서 함께 여행을 준비하고 정리해 나가면 편리하고 유용합니다.

여행 계획 템플릿 — 전체

⊞ 숙소　⊞ 식당　⊞ 카페　⊞ 관광지　**⊞ 전체**

여행 계획

⊙ 방문 시간	⊙ 유형	Aa 이름	# 가격대	≡ 주소	≡ 비고
첫째날	카페	OOQQ (카페)	₩18,000	가장구 쉬운로 2-3	
첫째날	식당	TTPP (흑돼지)	₩40,000	노션구 노션로 1-8	
첫째날	식당	SSPP (파스타)	₩39,000	독학구 동양로 2-9	
첫째날	숙소	T 호텔	₩210,000	노션구 노션로 1-3	조식 패키지
둘째날	관광지	K 낚시	₩47,000	노션구 노션로 10-4	낚시대 무료 대여
둘째날	식당	EESS (회)	₩71,000	노션구 노션로 3-81	
둘째날	숙소	AABB	₩90,000	독학구 동양로 4-1	
둘째날	식당	LLKK (고기국수	₩23,000	가장구 쉬운로 2-3	
셋째날	식당	LLKK (갈치구이	₩23,000	가장구 쉬운로 6-1	
셋째날	숙소	DDEE	₩120,000	가장구 쉬운로 3-7	
셋째날	관광지	T 전시회	₩23,000	독학구 동양로 3-3	
X	숙소	P 호텔	₩170,000	노션구 노션로 1-1	
X	숙소	P 호텔	₩140,000	가장구 쉬운로 2-1	
X	관광지	L 낚시	₩54,000	노션구 노션로 10-3	
X	식당	TTPP (흑돼지)	₩40,000	노션구 노션로 2-5	

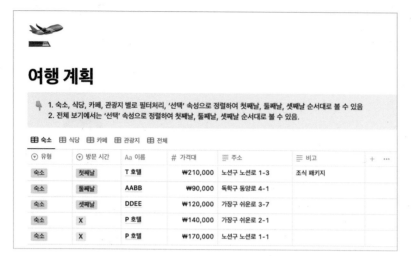

여행 계획

> 1. 숙소, 식당, 카페, 관광지 별로 필터처리, '선택' 속성으로 정렬하여 첫째날, 둘째날, 셋째날 순서대로 볼 수 있음
> 2. 전체 보기에서는 '선택' 속성으로 정렬하여 첫째날, 둘째날, 셋째날 순서대로 볼 수 있음.

▦ 숙소 ▦ 식당 ▦ 카페 ▦ 관광지 ▦ 전체

⊙ 유형	⊙ 방문 시간	Aa 이름	# 가격대	☰ 주소	☰ 비고	+ ⋯
숙소	첫째날	T 호텔	₩210,000	노션구 노션로 1-3	조식 패키지	
숙소	둘째날	AABB	₩90,000	독학구 동양로 4-1		
숙소	셋째날	DDEE	₩120,000	가장구 쉬운로 3-7		
숙소	X	P 호텔	₩140,000	가장구 쉬운로 2-1		
숙소	X	P 호텔	₩170,000	노션구 노션로 1-1		

숙소, 식당, 카페, 관광지별로 필터 처리하여 보기별로 볼 수 있으며 첫째 날, 둘째 날, 셋째 날 등 방문할 날별로 정렬된 여행 계획 템플릿입니다. '방문 시간' 속성에 X라고 되어 있는 것은, 방문하려고 조사는 하였으나 실제로는 방문할 계획이 없는 장소들입니다.

◐◑ 여행 다녀온 곳 정리

갤러리로 생성하여 다녀온 곳을 예쁘게 정리할 수 있는 템플릿입니다.

다녀온 곳 정리 템플릿 ─ 전체

다녀온 곳 정리

1. 국내 보기: (유형: 국내로 필터처리)
2. 해외 보기: (유형: 국내 제외로 필터처리)
3. 전체(필터하지 않음)

🔲 전체 🔲 국내 🔲 해외

여행 리스트

✈ 인도

아시아

2018년 10월 10일 → 2018년 10월 17일

✈ 부산

국내

2021년 10월 6일 → 2021년 10월 9일

보기는 전체, 국내, 해외로 나누어 각 보기별로 국내는 국내 여행지만, 해외는 해외 여행지만 보이도록 필터처리 하였고 다녀온 날짜가 보이도록 설정하였습니다. 다녀온 장소를 예쁜 노선 갤러리로 보고 있으면 추억 속에 빠지게 됩니다.

Points!

- 여행을 같이 가는 사람들에게 노션 페이지를 공유해, 계획을 함께 세우거나 일정 공유 가능!
- 갤러리를 생성하여 여행 다녀온 곳을 예쁘게 정리!

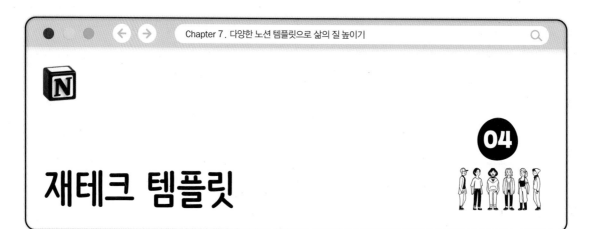

재테크 템플릿

●●● 매매일지

많은 주식 전문가들은 미리 정한 손절매 기준과 감정적이지 않은 매매가 중요하다고 이야기합니다. 매매일지를 사용하면 매수와 매도 이유를 정리하는 과정에서 감정을 배제한, 이유가 있는 투자를 할 수 있다고 합니다.

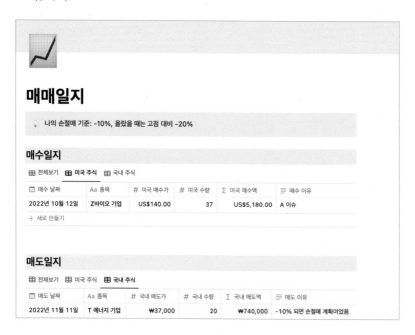

매매일지 템플릿의 맨 위에는 콜아웃으로 손절매 기준이나 매수 매도 기준을 미리 정리해 놓도록 하였고, 아래 데이터베이스에는 미국 주식과 국내 주식별로 매수, 매도 일지를 정리할 수 있도록 하였습니다.

◗◖◗ 자산 정리

수입, 지출, 부채, 부채 제외 자산을 정리하다 보면 자신의 수익과 지출을 분석할 수 있고 현 자산 상황을 명확하게 파악할 수 있습니다. 노션을 사용하면 월별 관리뿐 아니라 연간 관리도 어려운 수식 없이 계산할 수 있습니다.

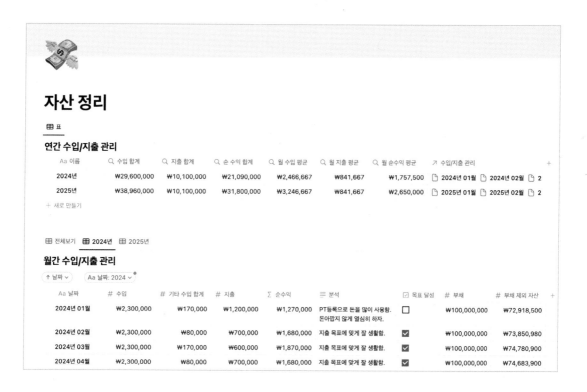

템플릿의 아래에서는 '월간 수입/지출 관리' 데이터베이스에서 수입, 지출, 순수익, 분석, 부채, 부채 제외 자산을 월별로 정리하도록 합니다. '월간 수입/지출 관리' 데이터베이스는 관계형 속성으로 위쪽에 있는

'연간 수입/지출 관리' 데이터베이스와 연결하였습니다. 예를 들어 '연간 수입/지출 관리' 데이터베이스의 관계형 속성에는 '월간 수입/지출 관리' 데이터베이스의 2024년 01월부터 2024년 12월까지 연결되어 있습니다. 따라서 '연간 수입/지출 관리'에서는 롤업 속성을 활용해 여러 월의 수입, 지출, 순수익의 합계와 평균을 계산하여 연간 변화를 한눈에 볼 수 있습니다.

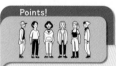

Points!

- 주식 매매일지 템플릿으로 이유 있는 투자 가능!
- 자산 정리 템플릿으로 수익과 지출 분석 및 자산 상황 파악!

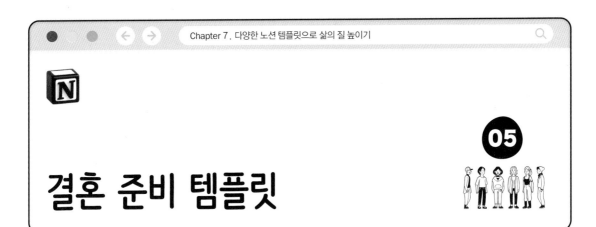

결혼 준비 템플릿

◖◗◯ 결혼식 결산

결혼식은 신랑, 신부가 협업하여 준비해야 하는 행사이기 때문에 노션

으로 페이지를 공유해서 준비해 정리하면 편리합니다.

결혼식 결산 템플릿 — 본식

결혼식 결산 템플릿 — 혼수

본 템플릿은 2022년에 필자가 결혼하는 과정에서 유용하게 사용했던 템플릿입니다. 템플릿을 살펴보면, 결혼식 결산 템플릿의 경우 각 혼수, 본식, 신혼여행 등 유형별로 선택할 수 있도록 하였으며, 어느 계좌에서 결제를 하였는지 체크를 하도록 하였습니다. 보기별로 유형 속성을 필터처리 하여, 혼수 보기에는 혼수 보기만 보이도록 하였고, 본식 보기에는 본식 유형만 보이도록 설정하였습니다. 표의 맨 아래에는 합계를 설정하여 각 유형별 합계 금액이 얼마인지 볼 수 있도록 하였습니다.

●●● 스드메 템플릿

결혼 준비에 있어서 스튜디오, 드레스, 메이크업을 '스드메'라고 줄여 부릅니다. 꼭 데이터베이스로 자료를 정리하지 않아도, 스드메 템플릿처럼 필요한 정보들을 단을 나누고 글머리 기호 목록 등을 사용해 구조적으로 정리할 수 있습니다.

스드메

스튜디오
- 메이크업 포함 샵 예매하였음
- 견적: n만 n천
- 앨범 추가비용: n만원
- 공원씬 추가비용: n만원

촬영 당일 체크리스트
- ☐ 헬퍼 이모님 현금
- ☐ 간식
- ☐ 옷 미리 대여

드레스
- 기본 정보
  - 2~3샵 돌릴 예정
  - 한 샵당 n만원 피팅비, 한 샵에 n벌 착용
  - 당일 할인 금액 있을 가능성 큼
- A샵에서 K드레스 가장 맘에 듦
  - 기본 금액
  - (그림 첨부)
- B샵에서 T드레스 가장 맘에 듦
  - A샵보다 +11만원
  - (그림 첨부)
- C샵에서 S드레스 가장 맘에 듦
  - A샵보다 +21만원
  - (그림 첨부)

메이크업
SNS 서칭 결과 K 샵으로 결정
- 금액: n만 n천원
- 신랑 추가비용 n만원

◖◖◗ 결혼식날 템플릿

결혼식날 준비해야 할 것들, 순서, 섭외해야 할 부분들을 정리하면 준비에 용이합니다. 또한 결혼할 식장의 진행 시간, 식대, 대관료 등 미리 체크해야 할 부분을 정리해 놓으면 준비 과정에서 참고할 수 있습니다.

결혼식날

순서
1. 개회 안내
2. 화촉 점화 (신랑, 신부어머니) (MR: T노래)
3. 신랑 입장 (MR: C노래)
4. 신부 입장 (MR: K노래)
5. 맞절
6. 혼인 서약 (신랑, 신부)
7. 성혼 선언 (신부아버지)
8. 축가1 (MR: T노래)
9. 축가2
10. 부모님&내빈께 인사
11. 퇴장 행진

미리 준비할 것
- ☐ 식전 영상
- ☐ 부케
- ☐ 회사 답례품

섭외 및 준비 리스트
- ☑ 사회: 김철수
- ☐ 축가: 김노션
- ☑ 축사: 이동양
- ☑ 신랑 축의대: 사촌형, 김쉬운
- ☐ 신부 축의대: 사촌오빠, 이쉬운

기타 준비 사항
- ☐ MR 준비
- ☐ 액자 셋팅
- ☐ 식권 준비
- ☐ 축의대 메뉴얼 출력

결혼식장 특징

▦ 표

Aa 항목	≡ 특징	≡ 비고	☑ 체크 완료	+ ⋯
진행 시간	n분		☑	
대관료	n만	n만으로 현금 할인	☑	
식대	n만 n천	합계 nnn만	☐	
소인 식대	n만	만 10세이상부터 대인 만 6세이하 무료	☐	

Points!

- ● 결혼식은 신랑, 신부가 노션으로 페이지를 공유하여 준비하고 정리하면 편리!
- ● 스드메 템플릿으로 결혼 준비를 구조적으로 정리!
- ● 결혼식날 템플릿으로 결혼식 행사 체크 완벽!

선생님을 위한 템플릿

06

● ● ● **디지털 교무수첩**

학생 개인정보부터 학급 앨범, 상담일지 등 디지털의 장점을 이용해 교무수첩을 작성할 수 있는 디지털 교무수첩 템플릿입니다. 기존의 교무수첩에 기록하던 내용이 그대로 디지털화되었으며, 노션이기 때문에

디지털 교무수첩
— 메인 페이지

학교 컴퓨터, 집 컴퓨터, 핸드폰, 태블릿 모두 연동되어 더욱 편리합니다. 또한 이미지나 파일을 업로드할 수 있고, 자동 통계, 검색 등의 다양한 기능들을 활용하면 종이 교무수첩보다 유용한 점도 있습니다.

디지털 교무수첩
— 학생 개인정보(명렬표)

디지털 교무수첩
— 학급 앨범

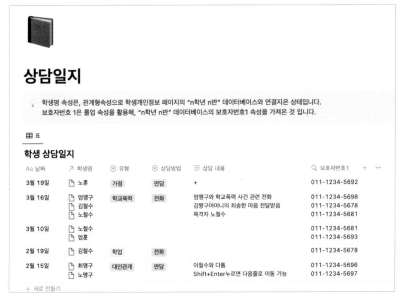

디지털 교무수첩
— 상담일지

⬤⬤⬤ 동학년&같은 교과 선생님 협업

노션의 협업 기능을 이용해 동학년&같은 교과 선생님과 함께 사용할
수 있는 협업 템플릿입니다. 함께 공유해야 할 수업 자료나 회비 관련
내역들을 업로드하여 공용 드라이브처럼 사용할 수 있습니다.

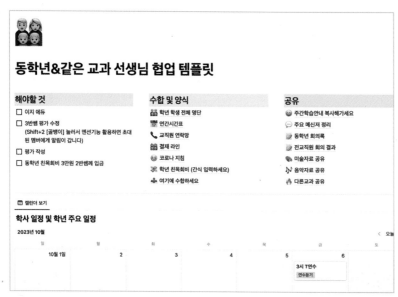

동학년&같은 교과 선생님 협업
템플릿 — 메인 페이지

동학년&같은 교과 선생님 협업
템플릿 — 학년 친목회비

기존의 공용 드라이브와 달리 감성적인 디자인에, 메인 페이지를 기반
으로 자료 정리가 구조화되기 때문에 협업하기에 최적화되어 있습니다.

가장 쉬운 독학 노션 첫걸음

알림이별

[가장 쉬운 독학 Notion] 템플릿 모음

📷 작가 유튜브: 알림이별 🔗 클릭하여 이동

Chapter 2~3 템플릿
🏠 1. 나만의 예쁜 메인 페이지
☑️ 2. 일일계획 관리 자동화
📚 3. 독서 기록
🏢 4. 부동산 임장

Chapter 4~6 템플릿
🏅 5. 개인 포트폴리오
📅 6. 날짜 계산 템플릿
🧮 7. 회비 계산 템플릿
📖 8. 가계부 템플릿

7-2 일상정리 템플릿
🍜 맛집 리스트
🏋️ 운동일지(헬스)
🏃 운동일지(런닝)
🛒 스마트 쇼핑 비교
🏫 수업 정리 템플릿

7-3 여행 템플릿
🛫 여행 계획
✈️ 다녀온 곳 정리

7-4 재테크 템플릿
📈 매매일지
💰 자산 정리

7-5 결혼 준비 템플릿
💵 결혼식 결산
💁 스드메
🏡 결혼식날

7-6 선생님 위한 템플릿
📒 디지털 교무수첩
👫 동학년&같은 교과 선생님 협업 템...

더 다양한 템플릿 보기
Notion 추천 - 템플릿 갤러리
Notion 팀이 큐레이션한 커뮤니티 템플릿. 업무와 생활을 효과적으로 관리하고, Notion을 사용하는 새롭고 창
📝 https://www.notion.so/ko-kr/templates

노션 업그레이드 확인하기
What's New - Notion
Some public pages are only meant to be shared for a limited time (e.g. marketing one-
📝 https://www.notion.so/releases

위 그림은 앞서 소개한 22가지 템플릿을 모은 페이지입니다. 원하는 템플릿을 복제하여 수정하여 사용해도 되고, 참고만 해도 좋습니다. 가장 좋은 것은 자기만의 템플릿을 만든 후 수정해 나가는 것입니다.

또한 노션의 템플릿 갤러리를 활용하면 여러 노션 사용자의 유용한 템플릿을 복제해서 사용할 수 있으니, 템플릿 갤러리에서 원하는 템플릿을 복제해서 수정 후 사용하는 것도 좋은 방법입니다.

어느 것이든, 어느 자료든 정리할 수 있는 감성적이고 예쁜 노션, 유용하게 활용하시길 바랍니다.

정민쌤의 막강 링크

[가장 쉬운 독학 Notion] 템플릿 모음 링크	템플릿 갤러리 링크

- 디지털 교무수첩 템플릿으로 교무수첩 작성 가능!
- 동학년&같은 교과 선생님 협업 템플릿으로 수업 자료나 회비 관련 내역들을 업로드하여 공용 드라이브처럼 사용 가능!
- 템플릿 갤러리에서 원하는 템플릿을 복제해서 수정하는 것도 좋은 방법!

검색으로 완성하는 노션

자료를 노션에 담아 두다 보면, 어디에 어떤 자료가 있는지 기억이 안

날 수 있겠죠? 그때 유용한 노션 검색 기능을 알아보겠습니다. 노션은

페이지의 제목뿐 아니라, 페이지 내부의 내용까지 모두 검색이 가능합

니다. 먼저 빠른 검색을 알아보겠습니다. 아래 설명처럼 사이드바에서

찾을 수도 있고, 단축키 Ctrl(Command) + P 로도 할 수 있습니다.

빠른 검색

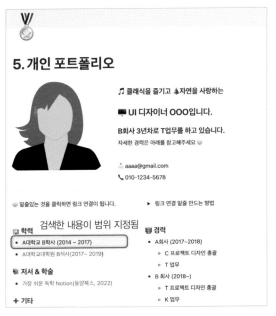

빠른 검색 결과

사이드바에서 ❶ [검색] 클릭 → ❷ 검색어 입력 → ❸ 원하는 페이지와 내

용 클릭을 하면 해당 페이지 내용으로 이동합니다. 바로 위의 그림을 보

면 '5. 개인 포트폴리오' 페이지 내부에 'A 대학교' 라는 내용과 검색어가 일치하여 검색된 것으로 보입니다. 검색한 내용을 클릭하면 해당 페이지로 이동하게 되며, 검색한 내용이 범위 지정이 됩니다. 이때 같은 워크스페이스 내에 있는 데이터만 검색이 가능하며, 페이지 내부의 내용뿐 아니라 페이지의 제목도 검색할 수 있습니다.

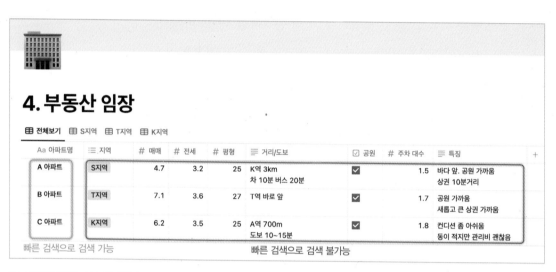

빠른 검색으로 앞의 그림처럼 데이터베이스의 Aa 제목 속성에 입력한 내용도 검색할 수 있습니다. 왜냐하면 Aa 제목 속성에 입력한 내용은 Chapter 4에서 배웠듯이 각각 독립된 페이지의 제목이기 때문입니다. 다만, 데이터베이스 내부에 속성에 입력한 값은 빠른 검색으로 검색이 안 됩니다. 즉, 빠른 검색으로 Aa 제목 속성에 입력한 내용은 페이지의 제목이기 때문에 검색이 가능하지만, 속성 안의 내용은 검색이 불가능합니다.

그러면 속성 내부의 내용을 검색하려면 어떻게 해야 할까요? 각각의 데이터베이스의 내부 검색을 사용하면 됩니다.

데이터베이스 우측 상단에 있는 돋보기 모양에 검색어를 입력하면 해

당 검색어가 포함된 데이터만 데이터베이스에서 보입니다. 즉, 데이터베이스 검색 기능을 사용하면 데이터베이스 제목뿐 아니라 데이터베이스에 입력한 모든 데이터들을 검색할 수 있습니다.

사이드바의 빠른 검색과 데이터베이스 내부 검색을 정리하면 다음과 같습니다.

빠른 검색	데이터베이스 내부 검색
• 워크스페이스 내 전체 검색 가능 • 워크스페이스 내 모든 데이터베이스의 제목만 검색 가능(데이터베이스의 제목이 페이지의 제목이기 때문에) • 페이지의 제목뿐 아니라 페이지 내부의 내용도 검색 가능(데이터베이스 속성에 입력한 내용 제외)	• 워크스페이스 내 해당 데이터베이스만 검색 가능 • 해당 데이터베이스 내부에 있는 모든 내용 검색 가능

 정민쌤의 영상 과외

 노션 꿀팁!
노션 검색 기능 뽀개기